Coping With Your Difficult Older Parent

A Guide for Stressed-Out Children

如果父母老後難相處

如何陪伴他們走過晚年，而不再彼此傷害？

美國專業高齡照護組織
「暮光服務網」雙創辦人

葛瑞絲・雷堡 *Grace Lebow*
芭芭拉・肯恩 *Barbara Kane* — 著

劉慧玉—譯

評量表：父母的難相處程度有多高？

此評量表能幫助你初步了解父母「難應付」的程度。表中包含四十一種麻煩行爲，並歸納成六大類。請在符合你父母行爲的項目中打勾，並計算總數。

1 依賴行為

你的父母是否：

- □ 無法忍受獨處，希望你能時刻相伴
- □ 與你分離在即時，立刻表現出身體的不適或明顯的不快
- □ 對成年子女及他人提出無理要求
- □ 緊緊依附某人（如女兒），凡事皆靠其打理
- □ 無法自行作主或爲決定負責，一丁點瑣事都要仰賴子女或他人

- [ ] 你知道他／她需要協助，但他／她卻堅持不肯讓人幫忙

2 潑冷水行為

你的父母是否：

- [ ] 看人不是極好，便是極壞。同一個人可以今天什麼都好，明天卻什麼都不對
- [ ] 極端負面，滿腔怨言
- [ ] 對別人極度挑剔，自己卻無法承受別人的責難
- [ ] 不講理
- [ ] 總要別人讓步
- [ ] 自己老是愛發脾氣，看什麼事都不順眼，卻對與自己同樣性格的人毫不留情的批評
- [ ] 容易暴怒，像是亂摔東西、辱罵別人
- [ ] 疑神疑鬼，充滿戒心，有時簡直到了偏執的地步
- [ ] 不讓人接近，甚至切斷往來

3 自戀行為

你的父母是否：

- □ 自我形象扭曲，一方面自認與眾不同，另一方面又覺得低人一等
- □ 只從自己的角度看事情，從不在乎會對別人造成什麼影響
- □ 對他人的需求無感，卻自以爲寬厚慷慨
- □ 自己的地盤不容侵犯
- □ 嫉妒別人
- □ 成天嚷著不舒服，讓人搞不清是眞是假

4 控制行為

你的父母是否：

- □ 利用罪惡感和阿諛諂媚等手法操縱他人
- □ 具有被動攻擊的人格，以被動舉止折磨人，例如不斷拖延、拒絕溝通等
- □ 容易激起他人的無助或憤怒，實際上反映的是自己內心的情緒
- □ 生活方式不容挑戰，無論是一般瑣事（飲食、穿著）或重要的價值觀（教

養小孩）

- □若控制對象的反應不如預期，譬如沒有隨傳隨到，馬上便怒不可遏
- □要求過分，造成反效果

5 自毀行為

你的父母是否：

- □曾有酒精、毒品或藥物成癮等問題
- □曾有飲食失調問題，例如飲食無度或拒絕進食
- □曾有某些強迫性舉止，像是賭博、拉扯頭髮、不停清洗等
- □不斷發生意外
- □自討苦吃，例如不遵守飲食限制或不肯服藥
- □曾有自殺傾向，或威脅有此打算

6 恐懼行為

你的父母是否：

□杞人憂天，一直擔心個不停
□容易恐慌
□有許多莫名的恐懼，例如害怕人群、細菌等
□有睡眠障礙
□行爲充滿儀式性，也很迷信
□有不切實際的期望，如不斷換醫生，認爲總有一天能碰到神醫
□拒絕面對現實，如疾病徵兆
□一天到晚身體不適，而這也許是眞的、也許是想像

打勾總數＿＿＿＿

總數小於或等於十，父母難相處的程度算輕度；總數十一到二十，屬於中度難相處；總數達二十一和以上，屬於重度難相處。

致你那難相處的父母——
只盼他們的苦痛
能稍微獲得理解

目錄

2

3

4

5

8

9

案例索引

楔子

一九八二年，我們成立了「暮光服務網」（Aging Network Services，http://www.AgingNetS.com）社工照護管理機構，專門協助老年人及其家屬。我們隨即發現，在這些前來尋求諮商的成年子女（我們覺得此名稱比「成人子女」適合）當中，爲「麻煩」父母感到焦慮的比例超過了一半。之所以用「麻煩」來形容，並不是因爲照顧父母所帶來的體力負荷，而是當父母讓子女不知該怎麼幫忙時所感到的心力交瘁。許多個案中的子女很早便與父母保持有形或無形的距離，而當父母年老體衰，他們便不得不重新面對這段關係。像這樣的例子，數年來我們已協助了幾百位個案。

葛瑞絲（Grace）的婆婆在世最後幾年，由她和先生爾文（Irwin）負責照料，這段經歷讓她親身體會到當家中有麻煩父母時，家屬的難爲之處。正因如此，我們興起了出書幫助更多人的念頭。在徵詢過專業同僚與一般人的意見之後，我們更加確定這是當務之急。

此書填補了老年照護文獻的一塊空缺。談照護的優秀著作有很多，但深入探討父母麻煩行爲的書籍卻付之闕如。研究問題人格的論著也汗牛充棟，其中多從治療患者出發，至於旁人該如何協助這類患者則幾乎沒有著墨。這類文獻更幾乎不談老年人口，因爲有人格障礙的老年人很少尋求治療。

本書中絕大多數案例都來自我們的個案。我們邀請五十位客戶協助填寫「父母的難相處程度有多高」評量表，據此建構出輪廓，再進一步與之深談，以了解其父母的人格及親子相處狀況。這些參與者不吝奉獻時間與熱忱，對此，我們無比感謝。當然，爲了保護個案的隱私，書中所有的故事和人名都經過更改。我們深盼能在此一一指名道謝，但因隱私之故，不得不留此遺憾。

有一位，我們得以開心地具名致謝：瑪麗・路希（Mary Dluhy）。感謝她辛勤校稿，以確保內容精確。身爲備受推崇的臨床醫師，瑪麗是臨床社會工作研究所（Clinical Social Work Insitute）的主要推手。

最後則需解釋一下本書談及我們與客戶諮商時的立場。用「諮商師」感覺很怪，而在有兩名作者的情況下，用「我」也不恰當，因此我們採用複數第一人稱「我們」，儘管客戶前來尋求協助時，對談的只是我們其中一人。

葛瑞絲・雷堡（Grace Lebow）與芭芭拉・肯恩（Barbara Kane）

馬里蘭州貝賽斯達

【前言】

成年子女與老後父母的相處

「只要電話一響，我總怕是我媽打來罵我，說我又做錯了什麼事。」

「我永遠沒辦法去度假。每當要出發之際，我母親就會剛好生病，我只得留下來照顧她。」

「我實在不知該拿我媽怎麼辦。她成天跑診所，以爲能找到神醫，不想卻是愈看愈糟。」

「我爸完全不知道我對任何事情的看法。什麼都是他說了算，而他始終認爲我跟他所見略同。」

「昨天我還是全世界最棒的兒子，做什麼都對，今天卻成了『沒心沒肺的東西』。究竟她的標準何在，我從來沒搞懂過。」

「爸媽老是說不要成爲我的負擔，卻又否決我的一切建議。他們只想要我在他們身邊。」

這些都是我們每天從客戶口中聽到的典型陳述。如果你對此心領神會，那麼頗有可能你已感覺無計可施，絕望不已。你爲父母做盡一切，換來的唯一成果卻是自己的日漸低迷。你甚至可能會說，父母的個性實在讓人「很難招架」。

本書開頭我們提供的「父母的難相處程度有多高」評量表中，包含四十一種難相處的行爲，上面所述只是其中六種。如果客戶首度叩門，說自己不知如何應付那好難相處的父母，我們就會請他們花幾分鐘時間填寫這份評量表。客戶往往會驚訝地發現，父母的行爲與當中某些描述竟是如此吻合。而在知道還有其他更難應付的長輩時，他們都不禁鬆了一口氣。等聽到我們表示，他們與父母的困境不是沒有解決之道，他們更是難掩歡喜之情。

如果父母老後眞的很難相處

希望你有確實花幾分鐘時間完成「父母的難相處程度有多高」評量表，並得出分數；倘若沒有，最好能回頭仔細完成，因爲這份評量表能讓你從各種問題行爲判斷父母的狀況。再者，本書乃根據評量表的六大類型各個擊破，因此明白父母所屬的類別，你將能從中獲得更多幫助。

爲面對父母時感到束手無策的你提供有效指引，是我們撰寫本書的出發點。我們各自擁有二十五年以上社工師的資歷，爲老年人及其子女提供從諮商到照護管理的全方位協助，像是幫老人家找到居家照護等服務，或是輔導家人做出是否搬家、搬到何處等這類重大決定。

前來找我們晤談的成年子女當中，至少超過半數認爲自己的父母很難相處。比例如此之高，原因不難理解：如果父母開明又好溝通，即便面臨棘手狀況，你自己就能幫他們解決；而當父母的行爲與評量表中的項目有若干符合，甚至讓你萬念俱灰，你就比較會尋求專家幫助。正因爲有過處理數百位這些老人家的經驗，我們才得以製作出有關老年人問題行爲的完整評量表。

這類老人家在其成年子女口中多半一直很難相處，不僅使親子關係蒙上陰影，子女的一生更是深受困擾。有些子女因而選擇與父母保持距離，甚至不加聞問，但因父母老弱而被迫出面照顧，卻發現父母過往的問題行爲不僅未曾消失，還因爲老來病痛神傷而愈演愈烈；另一方面，子女過去的情感包袱一直都在，蠢蠢欲動。

父母也可能因不堪疾病、傷痛等打擊，到了老年才變得難相處。若是如此，便頗有機會隨著時間流逝或適當治療而恢復，不像終生習性那般難以擺脫。例外情況依然存在，尤其是阿茲海默症或嚴重中風這類慢性疾病造成的腦部損傷，雖說面對這種情況仍有些簡單的因應之道。

本書集結了多年來我們協助成年子女度過此種困境的經驗，它也能幫助你。也許你深信「沒人會比我媽更

- 絕大多數情況下，父母難相處是終生習性的問題。
- 若父母的麻煩行為老來才出現，則其消失的機會相對頗高。
- 你比父母擁有更大的調整空間。

難纏」，我們則盼望透過書中的各種案例，你可以從中發現扭轉局面的新曙光。

與父母相處上的困境仍然有解

父母的難相處讓你無計可施，彼此的關係看來再難改善。請先別絕望。幾乎在任何情況下，或多或少仍有補救之道。你不也是抱著一線希望才打開本書的嗎？

作為一個負責任的成年子女，首先必須了解問題並不在單一方面。你若只聚焦在父母的問題行為上而沒想到彼此間的關係，便很難走出困境。一般而言，麻煩人物並不會意識到自己在旁人眼中的形象，反倒經常覺得別人很有問題。

即便父母明白自己的個性偏差，但誰比較希望看到改變呢？更要緊的是，誰更有調整空間呢？當然是你——尤其如果你的父母已經一輩子都這樣的時候。

此書的功用之一，是讓你看到這令人痛苦的親子關係是有可能突破的。前來找我們諮商的子女們無一不自覺陷入僵局，無論試圖做什麼或如何嘗試，情況永遠不變。父母使他們抓狂，而他們每次都以同樣的方式回應，然後也反覆得到父母的負面行為。繼續閱讀，你會看到一個又一個例子。

扭轉局面，意味著重新認識你與父母之間出了什麼差錯，以及該如何補救。也許你是個徹底的樂觀主義者，不斷嘗試改變你母親，堅信只要如此，你們的感情即可加溫。也許相反地，你徹頭徹尾是個失敗主義者，對父母的任何改變皆不抱希望，只是萬念俱灰地順從他們所有的要求，或者乾脆斷絕往來。

本書將爲你的無能爲力指出一條出路。也許你對自身處境尚無清楚的自覺，此書能幫助你釐清，讓你了解父母的問題，進而使你能夠更加包容並關懷父母，同時也更能自由自在地過好自己的生活。但請謹記：這絕非一蹴可幾。就像所有値得努力達成的目標，你得付出時間和耐心，並且辛勤耕耘。

我們的一位客戶後來已經能夠說：「以前我總以爲自己有毛病，不能像朋友那樣愛自己的媽媽。現在我終於明白，那是因爲我媽很難相處。她總是愛挑人毛病，對我也不例外，我怎麼做都不對。雖然我未能因爲有此認知而變得比較愛她，但我已經可以接受她是個缺點很多的媽媽了。」

書中的許多例子顯示，成年子女可將父母的問題行爲歸因於背後的遠因。有了這層體認，絕對有助改善你與父母的相處。我們也發現，即便不了解究竟成因也沒關係，明白父母的行爲有其背景因素，這個理解才最重要。這能讓你懂得父母並非任性妄爲或存心找碴，他們其實是不由自主的。也許母親一生飽受某種人格障礙之苦，儘管如此，她仍不斷設法加以控制，度過許多風風雨雨，但隨著遲暮而來的身心疲憊，終於使得這個包袱令她難以負荷。

有此體認之後，你就能以嶄新的角度看待父母。你會變得不再那麼容易生氣，並且比較有同理心。你會學著不再耗費心力地去改變父母，而是尋找有建設性的、實際的方式接納他們。我們以此幫助了許多客戶，也希望能經由此書助你一臂之力。

▶▶ 改變意味著跳脫過去的自我，嘗試不同做法。

▶▶ 有了理解，就不容易惱火。

本書架構

本書共有九章與一個簡短附錄，前七章將系統性地介紹前述評量表所涵蓋的麻煩行爲，一大類一個章節——除了潑冷水行爲，因內容繁多而占了兩章篇幅。每一章當中，都有我們從個案裡挑出來的案例。當然，情節已略作修改，人名亦全屬虛構。透過這些例子，你會看到我們對父母特定行爲所提出的因應之道。根據經驗，成年子女想學會換個方式跟父母溝通，角色扮演是極其有效的方法。此外，我們也提供了許多範例與建議。無論父母是終其一生個性難纏，或是老來才變得如此，書中都有描繪。

如果你想要的話，可以先翻閱與你父母問題最相關的章節。假設母親莫名的恐懼讓你束手無策，你大概會忍不住馬上跳到第七章去閱讀；但有鑑於每一章都奠基於前一章所述，我們建議你還是要再回到開始處，從頭讀起。六類行爲其實息息相關，透過認識其他類型的行爲，更能幫助你了解父母的狀況。

最後兩章跳脫評量表，探索兩個攸關老年的議題。第一個議題放在第八章，談如何面對並悼念親友故去。這對個性麻煩的人會顯得格外艱難，間接也造成子女很多困擾。

第九章說的是很多子女害怕自己會步上難纏父母的後塵，意在指出：即便你在自己身上發現媽媽令人頭大的影子，你也絕對有辦法不成爲麻煩人物。

附錄簡介幾種學說，闡述老年人麻煩行爲的可能根源。

1

依賴型父母：
#「你跑到哪裡去了？」

依賴型父母的**行為特徵**

當你的父母：

- 無法忍受獨處，希望你能時刻相伴
- 與你分離在即時，立刻表現出身體的不適或明顯的不快
- 對成年子女及他人提出無理要求
- 緊緊依附某人（如女兒），凡事皆靠其打理
- 無法自行作主或為決定負責，一丁點瑣事都要仰賴子女或他人
- 你知道他／她需要協助，但他／她卻堅持不肯讓人幫忙

【案例1】

指望兒子隨傳隨到的碧

艾爾提心吊膽地撥了電話。此刻他站在劇院大廳的公共電話旁。布幕即將在幾分鐘內升起。他們夫妻倆剛在附近餐廳簡單果腹，便匆匆趕來。但在享受一晚娛樂時光之前，他深知如果沒有先給母親打這通電話，後果將不堪設想。這是慣例。只要他沒辦法過去她那兒，就一定要電話稟報。這會兒的問題是：他比平常晚了半小時打電話。

他不確定母親會如何反應，有時她並未留意到電話來得有些遲，甚至有時即使注意到了卻也沒怎樣。可惜今晚不是。當他對著接通的話筒送出溫暖的招呼：「嗨，媽」，耳朵傳來的是冰冷憤怒的聲調：「你到底去哪裡了？我找了你整晚！」

「媽，我在劇院。蜜莉安和我今天都忙到很晚，我們差點來不及吃晚餐。我得在兩分鐘內入座，不過我想先打來問看看你今天好不好。」

「我好得很。」母親的答覆既冷又硬，隨即切斷電話。「你知道嗎？她掛我電話。」艾爾步出電話亭對蜜莉安說。「希望你沒嚇到。」蜜莉安邊說邊坐下。艾爾是沒被嚇到，畢竟他可說是訓練有素了。但不管經歷過幾回、又拚命努力不要在意，仍不免感到受傷。接下來整晚，他的心思在舞台和方才那通電話之間遊走，不斷地想：「究竟該怎麼做、怎麼說，才不會變成這種局面？」過去的慘痛經驗讓他學會要及早打電話去，而為了讓媽媽開心並消弭自己的歉疚感，他更是每週去探望母親兩、三回。

話說回來，「開心」是個相對概念。事實上，艾爾八十八歲的母親碧，從來都不開心。就艾爾記憶所及，媽媽向來總是抱怨個不停，隨著年老體衰更是變本加厲。以往有寵她的老公、聽話的孩子和穩定的經濟狀況，她還算過得去；如今老伴走了，自己的健康狀況又不佳，她可有得抱怨了。

在艾爾看來，母親的問題出在她太過依賴。她一輩子就依靠著先生，從來沒有自己的朋友。鄰居媽媽們會湊在一起打打橋牌或麻將，她從不加入。艾爾記得小時候，母親每晚焦急不已地等待父親回來的畫面：日復一日，年復一年，父親準時七點踏進門，而日復一日，年復一年，母親總是這句招呼：「你上哪兒去了？為什麼不能早點回家？」

這份依賴與日俱增，如今沒了老伴，她便指望兒子隨傳隨到。艾爾其實樂於照顧母親，問題是，他想著連自己想輕鬆看場戲都不行，這也太沒道理了。他該怎麼做才好？

你不是唯一和父母相處時深感絕望的人

艾爾夫妻倆爲了母親頭痛已久，問題依然日漸棘手。他們對碧百依百順，盡力避免惹她不快。週一和週四固定上門探望，週日則去載她回來一起吃飯，大小節日也從不敢忘記。總之，碧希望怎樣，他們就配合。這麼做雖不能減輕碧的抱怨，倒也讓局面維持在合理的掌控之中。

有時他們會忍不住跟她理論，像是當她在苛責幫傭或親戚時。這種「站在他們那邊」的舉動會讓碧大爲光火，然而過了幾天也就沒事。但這種如履薄冰的日子讓艾爾愈來愈氣惱，他懷疑自己是否應該給她一些教訓，告訴她自己深感受辱，要她道歉？她是不是該學著爲自己的言行負責？艾爾舉棋不定，困惑不已，直到劇院事件，他才明白情況必須改變，他需要尋求專家諮商。

艾爾的故事，是我們每天從客戶那裡聽到的典型狀況。而艾爾從我們這裡得到的第一個收穫是，原來有那麼多人面臨同樣的困擾，卻堅信世上沒有任何父母會像自己

- 不管是找諮商師或加入互助團體，求救很重要。意識到原來有那麼多人跟你有同樣的處境，會讓你感到如釋重負。
- 別失控地對父母發火，那只會傷害彼此，完全無濟於事。

的爸媽那樣難纏。僅僅這點認知，往往就足以為成年子女帶來極大的安慰。

艾爾夫妻也學到明確的應對技巧。當你讀下去會發現，其中很多方法不僅能幫助他倆，也適用其他有類似處境的人。如果你的父母跟碧的情況有些雷同，或許你也會從中發現新曙光。

對父母的要求設定界限

跟一般人遇到同樣情形時一樣，艾爾和蜜莉安的某些反應是身不由己，但卻對事情毫無助益，比方說他們會怒氣高漲以致失去理智，然後對碧大小聲。然而，無論父母讓你多麼受挫，憤怒無法解決問題，反而只會讓雙方更難過。母親看不見自己的問題，只看到兒子容易暴跳如雷；就算她在你的強勢之下道歉，她也完全沒有理解原因何在，更無法記取教訓。

此外，艾爾夫妻倆還會試著跟碧理論。劇院風波後第二天，艾爾和他母親的這場對話，描述了這麼做有多麼無濟於事。

艾爾：媽，你要我每晚打電話給你，但我偶爾總會有事啊！就像昨晚我和蜜莉安去看戲，但我還是有想到要打聲招呼免得你擔心，所以從劇院打給你。

碧：你到六點都沒來電，簡直把我急瘋了！你有空做這做那，就是沒空給老媽打個電話。

艾爾：〔逐漸失去耐性〕所以只要我沒準時打來，你就開始擔心。但你應該了解，我不可能每次都能準時的嘛！

碧：〔不吭聲，眼神冰冷〕

艾爾：〔怒氣分秒攀升〕我眞沒見過像你這樣不講理的人。我不可能每次都達到你的期望。好吧，如果你不肯改，那就準備擔心吧！

其實，艾爾從劇院致電母親後的反應，是不是跟母親對他的態度很像？他覺得自己遭到拒絕，還被掛電話，不禁怒從中來，便對母親指出她應該要有的表現，而這正是母親每次對他不滿時會有的反應。如果你的父母與碧有那麼點雷同之處，你一定會感同身受，但請小心別有樣學樣。

心中累積了那麼多怨氣，艾爾不免會發火，對象自然是母親——都是她，總愛牽著他的鼻子走，又老是那麼不講理。可是一旦冷靜下來，艾爾又回頭責怪自己：媽媽對其他人並不會這樣，那麼或許是自己有問題。

在這些冷靜時刻，艾爾便會再次跟母親講理，希望她能有所改變，雖然從來沒用。但要期待像碧這樣終生依賴慣了的人獨立，未免太不切實際。艾爾若想要好過些，就得從另一面切入：調整自己回應母親的模式。

我們告訴艾爾，他不能爲了不惹母親生氣而總是順著她，這樣長久下來，他一定會受不了。我們向他解釋，他得先想好自己能做到的合理範圍，然後堅持原則。這方法也適用於你。假如你母親總是催促你前往探視，而你認爲沒必要或你不想如此頻繁，就想好最恰當

- 當心別步上父母的後塵。
- 不要責怪自己或父母。找代罪羔羊只會讓問題惡化。
- 不用跟媽媽說理，她的行事本就不是出於理性。

的頻率；假如你母親太常來電，有時不妨讓答錄機來應付。一開始，你母親大概會不高興，可能也會一直念念有詞，但你必須堅持下去，因爲那是你的底線。爲了自己好，你必須如此。也唯有如此，才能維護你與母親的關係。

有時你可能需要某種提醒。我們就建議艾爾，準備一個行事曆，在上面加註探望母親和打電話的日期。「跟蜜莉安一起決定好，然後把它貼在冰箱門上，提醒彼此有這份承諾。」

艾爾接受勸告畫出界線。要這麼做很不容易，但非常值得。下面是他在那之後跟母親的一次通話內容。請注意他沒有試圖說理，也沒有爭執或責怪彼此。

> ▶▶ 事先說好你辦得到哪些事，做不到哪些事。
>
> ▶▶ 保留彈性，照顧自己。學會減壓，幽默是萬靈丹。

艾爾：嗨，媽，你今天還好嗎？

碧：你以爲呢？我該怎樣？我擔心得要命，成天巴望我那孝順（語調諷刺）的兒子回家看我。

艾爾：〔以往會被激怒，這回則改變話題〕媽，你的孫女在學校畫了一幅很棒的畫，我準備帶去給你瞧瞧。

碧：太棒了。我還眞久沒見到她了，我很想她。你是該帶她來給我瞧瞧了。

艾爾：我們這個星期天會一起過去。記得吧，那是我們全家團聚日，我們會帶早午餐。

碧：是呀，我就只値一個星期一天的份。

艾爾：我期待週日的來臨。再見，媽。

注意碧在兒子每句話之後所流露出的依賴與不安。找我們諮商之前，碧的這些反應總會讓艾爾跳腳，母子關係開始緊張；現在艾爾有了新的對策，他把母子見面的次數降到一週一次，期間的電話聯繫也採取不同態度，正面回應媽媽的每一個抱怨。他強調自己能夠做的，不談他辦不到的事，而且不爲此自責。最重要的是，他不再聚焦於彼此的爭執，而能開始同理媽媽心底的不好受。

這當然不是一蹴可幾之事。在習慣之前，需要時間練習。起先你甚至會覺得情況變得更糟，但成果卻絕對值回票價。

照顧好自己的身心健康，你若病了，大家都會跟著受苦。度個假，拿出幽默感，嘗試任何有效的方法消除壓力。三十多年前，美國童書作家丹．葛林寶（Dan Greenburg）出版了一本洞悉人性的小書《如何成爲一個猶太母親？》（*How to Be a Jewish Mother*），描述傳統的猶太母親對子女保護過度，並精於讓他們產生罪惡感。葛林寶以此大開玩笑，介紹了他所謂的「猶太媽媽基本原則」：讓孩子每天聽到你嘆息；要是他壓根還沒做出讓你難過的事，放心，他遲早會的。碰到狀況時，試著幽默以對，往往還眞能一笑置之呢！

艾爾從諮商師那裡學到最重要的一點是，像他母親這樣的人何以會如此。那是出於讓她飽嘗終生的痛苦和不滿，那些陰暗面化爲人格，並透過種種麻煩行爲傳遞給他人，自己卻渾然不覺。表面上看來，她自己應該清楚這一點，畢竟她是這麼聰明。但其實這些行爲沒有理性可言，也與智力無關。艾爾現在的態度背後，是對這項重要事實的理解。

一旦對母親的人格舉止有此認識，你就能像艾爾一樣停止憤恨和受挫，轉而同情與憐惜她所承受的折磨。你會比較知道怎麼應對，讓彼此不再那麼劍拔弩張。想產生這種理解，可以努力回想母親或其他親人曾提過有關她早年的任何事情。我們有位個案這麼形容：「了解我媽之後，我便不再那麼恨她了。」另一位則更上一層：「我因此更愛我媽了。」

下面要談的另一位母親，個性與碧如出一轍，成因雖然不同，卻一樣難相處。

▶▶ 學會理解父母內心深處其實深藏著痛苦，而那正是這些難纏行為的根源。

［案例2］

一聽到兒子要離開就生病的蘿絲

「好難受啊！我很不舒服，頭痛得好厲害！你什麼時候過來呢？我好孤單啊！」

「我晚一點會過去，媽。我先請護士過去看你。」

媽媽充耳不聞，不斷喃喃重複道：「好難受啊……」，宛如唱片跳針。

摩頓的母親蘿絲，住在鄰近兒子家的一間安養中心。老伴喬十五年前過世是她至今仍走不出來的嚴重打擊，原本就不明朗的世界變得更為灰暗，但她努力撐住孤單一人的日子。住在附近的女兒們是她唯一的朋友，來往頻繁，每天聯絡，直到其中兩個女兒先後去世，最後一個女兒得到絕症。蘿絲的健康狀況也愈來愈糟，寸步難行之外，飽受慢性胃病折騰，眼睛更在白內障手術後不停流淚，還有其他大小病痛讓她成天抱怨個不停。

老伴離開後，唯一的兒子摩頓和媳婦葛莉塔雖然住在千里之外，但他們很照顧她，每年數度飛來探視之餘，也會邀她過去住上幾日，並幫她處理財務，安撫被她沒完沒了的索求和抱怨惹毛的房東。最後他們發現蘿絲實在無法獨自生活，經過多次探訪與痛苦的溝通，終於讓她接受現實，同意搬去他們那個城市。

問題是，她要住哪兒？他們知道母親很想住進他們家，雖然從不明說，卻曾多方暗示，但他們明白這萬萬不可。沒有事情能讓她開心，他們的日子將變得很悲慘。夫妻倆婉轉地解釋說，儘管很想邀她入住，但臥房全在二樓，她的狀況恐怕無法應付上下樓梯的折騰。這個事實讓他們得以閃過真正的原因，但夫妻倆心裡仍不好受。最後，他們終於說服蘿絲住進不遠處的安養中心。就她的狀況來說，裡面一應俱全。

蘿絲雖然了解樓梯問題確實無法克服，但還是跟護理人員埋怨兒子和那個「女巫」媳婦不讓她同住，說自己根本不該離開原來的住處，會變成這樣還不都是「被他們逼的」。她覺得在這裡好孤單，其他住戶冷淡又不友善。她的胃痛變得愈加難受與頻繁，而一有任何不適，她從不找中心值班護理人員，而是打電話給摩頓。問題是，她的狀況實在多到讓人無法區分是真是假。摩頓氣媽媽常用假病使喚他，但若發現她確實不舒服，便又自責不已。

蘿絲最近一次來電是在一個週日上午十一點。摩頓和葛莉塔馬上要動身前往機場，準備去加勒比海度假一個星期。他致電安養中心，請護士看看他母親今天情況如何。電話剛剛放下，那如同跳針唱片的抱怨電話便響起了。

「媽，護士馬上就到，你放心，她一定有辦法讓你舒服點的。我每天都會打電話給你。你沒事的。」

回話千篇一律，「好難受啊！我好不舒服啊！」

改變回應父母的方式

後來呢？摩頓夫妻倆順利去度假了嗎？還是不得不取消原定計畫？不難理解，這種情形經常發生，有時他們懷著滿腔罪惡動身，有時則取消全盤計畫，心中又氣又惱。這回便屬於後者。只是摩頓積怨已滿，終於決定求助。

摩頓解釋他們實在受不了了，每次要去哪裡，母親就開始不舒服；一聽他們不去了，病痛馬上神奇消失。他們相信她根本是在裝病。兩人曾試著給她多點時間做好心理準備，情況卻只有更糟：愈早聽到他們要離開一陣子，她身體的不適就拖得愈久且愈厲害。

經過諮商，摩頓了解原來那是母親面對壓力的反應。例如她六十幾歲時動了白內障手術，讓她陷入嚴重低潮，一口咬定醫師敲她竹槓；術後多年，她不停流淚，口中念念有詞：「一隻眼睛要六百塊美金……」搞得老公完全束手無策。

蘿絲的生命歷程顯示，她和碧一樣有過度依賴的問題，因此給艾爾夫妻的建議也同樣適用於此。

爲自己爭取喘息的空間

蘿絲的狀況和碧顯然大同小異。你的父母或許也有雷同之處，讓你也和她們的孩子一樣有類似反應。且來看看如果借用我們給碧這個案例的要訣，此例會如何演變，或許對你所面臨的情況有所幫助。

- **譴責無益**。規劃好的假期被破壞，摩頓不免對母親心生怨懟，或是罵自己老是上當。如前所述，千萬別讓自己掉進指責的漩渦，那於事無補。
- **照顧好自己的需求**。摩頓當然曉得自己需要適時休假，問題在如何辦到，而不傷害自己與母親的感情。
- **理解勝過一切**。我們說過，包容父母的行爲，進而調整自己應對的方式，乃是改善這種狀況的上策，而首要之務是了解造成父母行爲的根源。這點太重要了，所以我們會在整本書中不斷強調。那把解決摩頓休假問題之鑰，對你亦然。這一點也是諮商幫助到摩頓夫妻的關鍵。我們讓他們認識到母親的內在狀況——她一直處在何種恐懼之中，以致得確定兒子隨時會救她。

一旦了解母親的問題出在依附人格，摩頓恍然明白，勸她多走入人群參加活動或與人爲善是沒用的，因爲她已經認定唯有兒子能撫平她的焦慮。

所以，摩頓要做的是鼓勵和支持，讓母親知道兒子曉得她的寂寞，並且對她得同時適應大環境與新家的艱難表示同情，誠懇地希望她能慢慢調整，漸漸融入新的社交圈。

當然，摩頓所處困境的根源，出自於他對母親身體不適的態度，那讓他感覺窒息，影響日常生活，連休假都要提心吊膽。我們讓他意識到，母親並不是裝病，她是眞的覺得不舒服。

不能因爲夾雜著情緒因素，就認定母親身體不適是僞裝的。當你告訴媽媽你要出門一週，即便她理智上明知過幾天就會見到你，

> ▶▶ 請正視：當父母表現出不適而喚你到他們身邊，那並非僞裝，而是他們真的難受。

內心深處卻不免響起警鐘，認定你不回來了，因而陷入恐慌，出現不適的症狀。而情緒性的胃痛，可能不下於生理性胃痛。

一旦了解這點，當你下次規劃假期時，即可採取某些措施。如果時間很短，比如一個長週末，你不妨什麼都別說，就在度假時打通電話說你生病或太累在家休息。沒人想要撒謊，尤其更不想對父母撒謊，但這麼做能保護父母不受自己情緒所傷害，也能讓你適時獲得喘息。

> ▶▶ 緩解父母的焦慮，讓自己能安心度個假，這是辦得到的。

當然，如果你要遠行一陣子，這個方法便不管用。你得和盤托出。以下是摩頓在諮商後與母親的溝通內容：

摩頓：媽，明天早上我和葛莉塔要去費城兩個星期，我們……

蘿絲：〔打斷兒子，低頭長嘆〕我能講什麼呢……

摩頓：我知道你不好受。你每週都盼著我來，這下子卻有兩星期看不到我。我都想好了，我們會從費城打電話給你，還會寄明信片。

蘿絲：〔撫著心口，再嘆一口氣〕摩頓，寶貝兒子啊，我覺得身體很不舒服。

摩頓：那眞令人難過。〔他暫時住口，試著傳遞關懷，多餘的言詞只會讓她覺得受到忽視。〕

蘿絲：〔仍不言語，垂頭不看兒子。〕

此時，摩頓起身走到廚房，花幾分鐘調整一下自己的情緒，煮好咖啡，端一杯放在母親前面。

摩頓：媽，喝點咖啡。〔蘿絲抬起頭。〕雪倫明天會帶她的寶寶來看你，還有我朋友珊卓拉的媽媽貝蒂，也會找一天來和你吃午餐。實際上她也在考慮搬進這家安養中心。

蘿絲：她不會喜歡這裡的。這裡的人都好冷漠。

摩頓：你可以慢慢告訴她有關這裡的一切。

蘿絲：我很不舒服。

摩頓：我真替你難受。〔他取下月曆，在上面註明哪天他會在哪裡，哪幾天會有訪客，然後給母親看。〕

蘿絲：〔把月曆放在膝上，憂傷地望著兒子。〕

摩頓：〔握住母親的手。〕媽，你放心，我一到費城就馬上打給你。

這段對話第一個値得留意之處在於時機，它發生在摩頓離開之前，這讓蘿絲幾乎沒時間發作。然後他清楚交代自己的行程，保證會密切聯繫，以及在這段期間安排了哪些訪客。還有一點他沒說：他也請安養中心多費心。

注意：有時少說爲妙。過去母親一講她不舒服，摩頓便加以指責。這次，他保持冷靜，以寬容和同情的態度安靜聆聽。他知道母親不會因此停止抱怨，但他可以給予安慰。

當然，蘿絲母子之間的問題不僅在休假而已，蘿絲似乎很難適應新居，這無疑造成她和兒子、媳婦極大的壓力。失去舊家，遠離習慣的城市，也讓她深感悲傷。這樣的改變對任何人都不容易，更別說像蘿絲這種個性，於是不時的悔恨交加，痛責兒子和媳婦，自然在所難免。稍後我們將看到，這類性格的人總是會把生活一切不順心的源頭指向別人。

慣性依賴與父母早年的經歷有關

碧與蘿絲的依賴性都很強，且一輩子如此。她們的許多行事作風固然符合本書開頭評量表中的難纏行爲，但「終生依賴」這一點卻最爲明顯。

怎樣叫「過度依賴」？這個問題當然沒有標準答案。每個人多少都需要仰賴他人。在一個家庭裡，某人負責扛起生活的某個面向，其他需求則仰賴其他成員來填補。解放前的婦女對丈夫的依賴，會讓現代女性瞠目結舌；同樣地，男性——尤其是年長者——亦非常仰賴太太打理家務。

然而，碧的依賴性卻非比尋常。她把兒子拉得很緊，只要那條線稍微鬆一點，就讓她緊張不已，於是苦等艾爾電話所引發的恐懼便展現爲敵意。蘿絲的依賴性更加明顯，連摩頓去度假幾天都無法忍受。

面對這類型的父母，成年子女務必了解一點：父母的依附行爲並非現在才有。沒錯，隨著年紀增加會加劇他們的依賴性，但若客觀地了解過去，便可見這是他們自幼即有的習性。

僅僅有此理解，你便可以明白：父母難纏的行爲乃是性格造成，他們自己也無法控制。一旦有此認知，艾爾、摩頓——或你，如果你也身處類似情境——就能停止與母親無益的爭論或講道理，並可同情她所承受的痛苦。我們有位個案在有此領悟後說道：「知道我媽這麼難相處是因爲她的性格而不是因爲我的緣故，我眞是鬆了好大一口氣。」帶著這嶄新的視野，她得以更包容母親。

是什麼原因造成她們如此依賴？常有的一個解釋是：她們可能在人生初期有過被拋棄感，而引發此感受的事件或許爲眞，又或許只是她們認爲是眞。例如一位母親因久病住院或抑鬱而疏於照顧寶寶，就可能造成這種感受。不難理解，當某人心中潛藏這種無法自抑的恐懼，便很容易不計一切地抓緊身旁的人，以確保自己不會再度被拋下。

摩頓不清楚母親年輕時曾有過什麼樣的遭遇，而儘管這種理論頗爲可信，他仍很難接受母親竟認爲他會拋下她不管。他相信母親心知肚明，身爲兒子的他孝順忠誠，會永遠照顧她。「但那是一種理性思維，」我們告訴他，「當你跟她說你一週就回來，她的腦袋雖然相信，然而情感上卻認定你將一去不回。」

艾爾母親的情況則不同。艾爾憶起有個舅舅在母親三歲時過世，他記得親戚曾談起那個舅舅臥病好長一段時間，外婆全心照料，幾乎無暇旁顧；舅舅離世後，外婆長期陷入憂鬱。碧自己並不很記得這些，但情感上的確可能有一種被媽媽拋棄的記憶。兒子沒能準時來電使她感到憤怒，其實那是她逃避兒時痛苦回憶的自我防衛機制。明白了碧曾吃過的苦以及那段過往對她的影響，艾爾夫妻便不再覺得她蠻橫；知道哪些狀況會引發碧的深層恐懼，兩人怒氣全消，並能以更多的同理心來回應。

跟摩頓一樣，艾爾也無法相信母親眞會覺得被拋棄。自己明明那麼孝順，怎麼看都是難得的好兒子，時時噓寒問暖、勤加探視，經常帶她上館子，打理財務讓她高枕無憂，都做到這樣了，她還怕被拋棄？最後他終於理解，母親的反應並非出於理智，而是那種態度已經跟了她一輩子，完全不是因爲他的緣故。一旦搞清楚，艾爾不僅覺得豁然開朗，也能轉而正面回應，與母親展開良性互動。

艾爾與摩頓領悟到母親並非故意折騰他們，其實媽媽自己更不好受。碧也好，蘿絲也好，都是典型的依賴人格，靠著一些機制還算順利地步入中年。兩人都有婚姻和家庭，也許不免惹惱過人，但都有好好老公罩住一切。現在她們又老又寡，一般人面對這種景況都不免得承受種種身心困頓，對她們來說無疑更爲困難。毫不諱言地，她們是自己最大的敵人。

應付依賴性格，絕無固定招式，而過度依賴的表現也絕不僅限敵意或病痛，有人爭取關愛的手段是不斷指使旁人幫他做這做那。每個例子都不一樣，應對方式也要因人而異。無論如何請牢記，這種性格的人在面臨跟自己依賴的人分離時，即便時間再短，都會產生極端反應，而他們完全身不由己。

依賴也可能晚年才出現

類似碧和蘿絲那樣的依賴舉止，某些人也許到晚年才首度出現。

> ▶▶ 接受吧，一輩子依賴他人的父母，是很難接受分離的。

晚年時面臨到的某種打擊，加上老化帶來的折騰，很可能就造成依賴。但儘管外顯模式類似，這兩種情況卻大不相同。認知到這點很重要，因爲晚年依賴可能只是暫時的，因此需要完全不同的對策。父母年老時忽然依賴性大增，常讓成年子女喘不過氣，因爲這完全不是他們以往所熟悉的父母。然而，就像面對一輩子有依賴習性的父母，子女若能了解其根源，就會知道該怎麼因應，而那無疑頗有助於改善親子關係。

這種新近出現的晚年依賴會不會好轉，甚至消失，要如何判別？如果起因是漸進式慢性病，如阿茲海默症、帕金森氏症或嚴重的糖尿病，那麼有關的人格變化應會持續，子女最好參照前文所述處理終生依賴成性父母的建議。另一方面，若原因是某種醫療狀況，像是中度以下中風、心臟手術後遺症，或遭逢老伴、近親好友離世的打擊，又或是面臨另一種傷痛，比如遷離故居等，父母依賴程度減低的機會就頗大。

下面介紹三個有機會逆轉的晚年依賴案例。

【案例3】

氣女兒要她搬家的艾絲特

四十五年前老伴撒手人寰後，住在波士頓的艾絲特成立了一間小公司。如今她七十九歲了，生意大不如前，膝蓋的毛病也讓她寸步難行。終於，她接受家人建議，搬去維吉尼亞州大女兒家附近的安養中心。她懷念極了自己的公司。害羞內向的她很難交到新朋友，以往在波士頓雖也沒什麼密友可言，與客戶間的往來卻是她津津樂道、始終難忘的一塊。

如今艾絲特不斷抱怨自己無聊又寂寞，整天來電打斷女兒開會，更不斷占用女兒私人時間。她對安養中心的其他住戶都有意見，責怪女兒把她遷移到此。女兒深感歉疚，不知究竟該拿母親怎麼辦才好。

【案例4】

因動手術而變得依賴的希維亞

動了心臟繞道手術的希維亞，恢復情況良好。醫生告訴她和孩子們，她完全可以回到原來的生活方式，問題是她不肯了。以往她一手打理自己的吃穿梳洗，現在卻樣樣都要女兒照顧。女兒開始受不了，不明白媽媽怎麼忽然變了個人，自己更因為要顧自己家和媽媽而蠟燭兩頭燒。她開始失去耐性，意識到情況必須改變。以下是她的因應之道。

女兒：媽，我要工作又要這樣照顧你，實在撐不住了。我們請一位管家來幫忙，直到你完全恢復為止，好不好？

希維亞：親愛的，我不知道你這麼累。一定是我太依賴你了。我從不依賴人的，但這個手術真讓我覺得天翻地覆。

女兒：媽，我懂。醫生也說這幾個星期你需要人幫忙。我在想，你朋友蘇珊之前不是動了膽囊手術嗎？她術後請來照護她的那位女士很棒，不知道她會不會有空？

那位「很棒的女士」是受過訓練的助理護士，她果真有空前來幫忙希維亞回到日常軌道，重拾自理能力。

希維亞的依賴是到晚年才有，所以逆轉機會很高，跟碧與蘿絲的情形不同。她衷心理解女兒的疲累，懂得自己的需求已遠超過手術以前，而這對女兒忙碌的生活造成何等負擔。說之以理這招，奏效。

請來護理人員確實讓希維亞的女兒鬆了一口氣，此外還有一個好處。心臟手術讓希維亞相當恐懼，變得極度依賴女兒。她的體力沒有問題，只是不敢去做。經過女兒的鼓勵，加上一位可靠的護理人員陪伴在側，她得以順利恢復獨立自主。

［案例5］

喪妻後變得封閉的法蘭克

法蘭克近來被癌症奪去了老伴。一直以來，兩人婚姻幸福美滿，攜手走過活躍豐富的四十八載，一直是對方最好的朋友。三個子女都說，父母向來非常獨立。如今法蘭克頓失依靠，踽踽獨行。

喪妻至今七個月，法蘭克仍鬱鬱寡歡不願出門。除了子女探視，他婉拒所有邀請。讓子女更傷腦筋的是，他連普通小事都無法決定，哪天該請人來家裡打掃、該捐錢給哪個慈善機構，凡事都要問過孩子；而當他們幫忙決定後，他又百般挑剔。子女又氣又難過，想撒手不管卻又不捨，畢竟老爸比任何時候都需要他們。

引發晚年依賴的原因

上述三個案例，最重要的共通點是，艾絲特、希維亞和法蘭克都經歷了一場顛覆生命的重大打擊，正走在調適期的開始，而那多半也會結束。面對搬遷、疾病、配偶死亡，情感調適往往至少需時一年；而即便時間比你預期的要長，也別放棄，這種晚近才出現的依賴，通常是會淡去的。

讓這三個人變得依賴的事件，稱重大應不爲過。有時，造成父母黏人的起因似乎沒那麼嚴重，像是跌倒、感冒、毛小孩死去，但這類狀況卻可能是壓垮駱駝的最後一根稻草，引發後續更嚴重的依賴。

人一旦碰到這類事故，通常要走過一段悲傷和哀悼的歷程，不僅喪妻的法蘭克如此，艾絲特與希維亞也都必須處理重要的失落感：艾絲特失去了家、老友、身爲老闆的角色；希維亞失去了她曾有的那個健康、活力充沛的自己。

老人家又往往同時面臨多重失去。以艾絲特來說，她失去的不僅是公司，還有關節炎造成的行動不便，而搬去女兒家附近則象徵放棄與失去過去那種獨立的生活方式。

不難想見，這三位長者正處於驚慌失措的景況中，都情不自禁地仰賴孩子提供保護與慰藉。一般來說，他們會漸漸平復，時間是最佳解藥。這是跟碧和蘿絲那種依賴成性者大相逕庭之處，她們無法哀悼過去，那會帶來早年被拋棄的課題（更多有關傷逝與哀悼的討論，請見第八章）。因此，因應父母晚近依賴的對策，就在理解這個事實：父母正經歷一段暫時性的衝擊，而在重新站穩前，他們和家人都要適應這個不曾出現過的依賴行爲。

創造你和父母的雙贏

現在，你已了解父母在面臨搬家或失去什麼之後，需要為期一年以上的哀悼期，你不再感到緊張或憤怒，反而可以耐心地給予父母支持。這裡再提供一些方法。

不像面對終生依賴成性的父母，此時你是可以跟父母理智對話的，就像希維亞女兒的肺腑之言：「媽，我要工作又要這樣照顧你，實在撐不住了。我們請一位管家來幫忙，直到你完全恢復為止，好不好？」

艾絲特的女兒可以跟媽媽腦力激盪，看看院內有沒有艾絲特能替補的位置，像是櫃檯人員或招待員、打電話問候居家老人的志工。這些角色或能喚起她當年為客戶服務的感覺。如果她願意嘗試，對減低依賴應該頗有幫助。

法蘭克的女兒們若硬逼他出去見老朋友，恐怕會適得其反，讓他更氣她們的缺乏同理心。在他度過傷痛的這段期間，最動聽的言語會像是：「爸，我們知道你多想念媽。」再加上一個擁抱，就更好了。

還記得自己有多討厭父母告訴你該怎麼過日子嗎？其實，父母也不喜歡聽到你太直率的建言。希維亞的女兒若催她自己洗澡，希維亞的臉色恐怕不會太好看；但若說服她接受護理人員，則能有效引進立場中立的第三方。

最後，回到你身上，亦即身爲成年子女的你。從小到大，你認識的媽媽總是活力四射，獨立自主，現在則完全相反。你不想看到她這麼依賴、這麼黏人，你既爲她身心所承受的痛苦感到難受，也因爲照顧她而心力交瘁，程度不亞於父母一輩子依賴成性的那些子女。因此，本章前面提供給那些子女的建議，也同樣適用於你：愛護自己，設定合理的底線，不要挑戰自己。重點雖一樣，做法卻大不相同：面對晚近才開始依賴你的父母，你大可跟他們說明你的決定，理性地討論。這是另一類子女不容易擁有的奢求。

- ▶▶ 尋找能為父母帶來成就感的角色。
- ▶▶ 不妨多給予父母同情和擁抱。
- ▶▶ 別教父母該怎麼做。

2

潑冷水型父母（上）：
「昨天我還是全世界最棒的兒子，今天卻變成沒心沒肝的東西。」

潑冷水型父母的**行為特徵**

當你的父母：

- 看人不是極好，便是極壞。同一個人可以今天什麼都好，明天卻什麼都不對
- 極端負面，滿腔怨言
- 對別人極度挑剔，自己卻無法承受別人的責難
- 不講理
- 總要別人讓步
- 自己老是愛發脾氣，看什麼事都不順眼，卻對與自己同樣性格的人毫不留情的批評
- 容易暴怒，像是亂摔東西、辱罵別人
- 疑神疑鬼，充滿戒心，有時簡直到了偏執的地步
- 不讓人接近，甚至切斷往來

上一章的成年子女前來諮商，是因爲父母極度依賴的表現——案例1的碧顯示出敵意，案例2的蘿絲則是以病痛展現。所有家人倍感挫折，完全搞不懂母親在想什麼，也不知該拿自己的憤怒怎麼辦，直到從諮商中看見曙光。透過我們的指引，他們覺知到母親何以如此，終能以積極且具建設性的方式，維繫親子關係。

當然，這些依賴的例子，不過是讓家人尋求諮商的小部分原因。本書開頭評量表第二大類所揭櫫的行爲，恐怕更讓子女們頭痛。等你仔細讀完這一章和下一章，你就會明白爲何我們用「潑冷水」來形容這類行爲的效應——把周遭人歸類爲黑或白（不是極好，便是極壞），因此就專章討論這個常見的課題。

【案例6】

讓孩子很難去愛她的瑪麗

派蒂終於鼓足勇氣打電話給母親瑪麗。這一直是令人痛苦的經歷。「媽，你好嗎？」她得到的是冷淡不耐的答覆，但仍強作興奮：「我昨天有跟史蒂夫和荷普碰面。史蒂夫最近升遷了，收入更好，也更有地位了。這個小弟，總是志在必得。」

「很好，他是很懂得怎樣為自己好。」聽筒傳來了答覆：「我為他付出一切，最後換得了什麼？」瑪麗又說：「你總是站在他那邊。我看你一定覺得他搬出去是我活該，都是我的錯。」

派蒂衝口而出：「媽，你為什麼這麼生氣？」其實她早該習以為常，卻還是對母親激烈的反應驚訝不已。「生氣的是你，不是我。」瑪麗這麼說。

不管派蒂怎麼努力想炒熱氣氛都沒用，只好作罷。結束時她說：「媽，我愛你。」電話那頭沒有回應。

這句結語來之不易，因為派蒂的母親是個非常難讓人去愛的人。獨居的瑪麗六十多歲，健康狀況良好，四個孩子都住在幾公里範圍內，但只有派蒂不時來電或上門探望，其他人都對母親敬而遠之。

史蒂夫是最後一個與母親決裂的孩子。他和荷普結婚幾年，企業管理學位並沒讓他順利找到工作，賦閒好久才終於進入一家大公司，起薪極低。這時母親提議他倆跟她同住。史蒂夫舉棋不定。沒錯，免付租金是很好，但萬一付出太大的情緒代價怎麼辦？事後證明了他的疑慮。

離家念大學那幾年是史蒂夫的快樂歲月。住在家裡時，母親簡直把他當家管員和司機，卻連一句感謝也沒有。她認為這是理所當然，畢竟她為兒子付出過那麼多。但她對外卻大力讚揚史蒂夫：「我的那些女兒只顧自己，這個兒子就完全不同了。」

所以，一想到要回去與母親同住，實在令史蒂夫擔心，但他終究還是同意了，並且希望母親對已成家的自己會有所改變。

結果完全沒變！一回去，母親立即恢復過往的態度，而且很嫉妒他和妻子的相處時間，不斷叨念「那個自私的女人」。最後，史蒂夫受夠了。不用付租金又怎樣，他倆決定搬走。他告訴母親時，只得到一句：「你們怎能這樣對我？」之後幾週瑪麗和他們夫妻冷戰，完全不理不睬。他們要搬家那天，瑪麗卻聲稱自己完全沒被告知此事，對兩人怒吼：「等著瞧！沒有我，你們活不下去的。」

三年過去了，瑪麗怒氣未消。在她看來，自己賦予厚望的兒子並沒有比較好，最終，四個兒女在她晚年時都拋棄了她。

接著是另一個類似例子。

【案例7】

對愛孫反目的貝蒂

貝蒂總是滿腹怨恨，對獨子和兩個女兒處處不滿，直到寶貝金孫出世。她到處逢人便說，傑夫真是「與眾不同」，傑夫的媽不懂感恩，對她不聞不問，但傑夫可貼心了，還喜歡黏著她呢。

傑夫一家的住所跟外婆只隔幾條馬路，他幾乎每天過來。上高中後，他會幫貝蒂跑腿，跟她聊學校生活，傾聽她的抱怨。

快畢業時，傑夫獲得一所大學的全額獎學金，學校遠在三百二十公里外。那一年春，他一直耐心等待幾所學校的回應。每次到外婆家，他總是滔滔不絕地述說自己對未來的夢想。當這個好消息一來，他趕緊跑去跟外婆分享，但外婆的反應卻讓他愕然。「你怎麼不申請一間近一點的學校？」貝蒂語氣不善。「你曉得我有啊！」傑夫說，「但他們都沒有給我獎學金，而且這所商學院是其中最好的。」

貝蒂渾身敵意：「你做這決定時，根本沒想到你外婆，是不是！」傑夫愣在那裡。外婆從來沒有以這種語氣對他說話，那是用來念他媽媽的。他不知如何是好地離開，從此再也不得其門而入。

傑夫去外州就讀大學，一到學校馬上打電話給外婆，卻被她掛電話；等放假回家跑去按鈴，依舊吃了閉門羹。整個大學期間都是如此。寶貝孫子被打入反派。傑夫完全不明白自己究竟做了什麼，讓外婆這樣徹底反目。

當父母只願意愛自己理想中的子女時

瑪麗和貝蒂這種類型，是許多客戶前來找我們的原因。「我該拿我媽怎麼辦？無論我怎麼講、怎麼做都沒用。」這種無奈很典型。

是人都有優缺點，只不過瑪麗和貝蒂沒有這種認知。當我們的父母、子女，尤其是孫輩，做事不合我們意時，我們仍會接納和包容。但有些人的眼中卻是非黑即白，沒有灰色地帶，人不是好就是壞。所以在瑪麗眼中，女兒們都很差勁，兒子則很好，直到他做了讓他變成反派的事。傑夫則碰到更極端的反應，媽媽雖被歸爲壞人，他仍是「好」孫子。寶貝孫子離鄉讀書讓外婆感到多麼失望和不捨，這種心情我們都能理解，卻也能爲他的成就感到驕傲。但貝蒂沒辦法這麼想，這枚銅板就是反了，傑夫也跟其他人同流合汙了。

這種「非黑即白」的行爲，心理學上稱作「分裂」(splitting)，往往伴隨評量表中的其他行爲出現。

第一章談到，終生依賴往往來自早年被拋棄的感覺，有時是隱藏在與媽媽分離的正常成長過程，而究竟何以有人會如此，則無人能解。

▶▶ 把世界看作非黑即白，稱為「分裂」。它與過度依賴一樣，其根源是一種被拋棄感。

每個孩子在脫離母親的成長階段，對母親都有矛盾情結，一方面渴望獨立——一個蹣跚邁步開展自己的世界、又不斷回到母親身邊的一歲小孩，眼中便是流露這樣的渴望；一個處於「恐怖兩歲」時期，不斷嘗試打破束縛的小孩，也是如此。大多數父母都有過這樣的經驗，像是一位媽媽教她兩歲大的比利，過馬路一定要拉著大人的手，這小孩偏偏想掙脫媽媽自己走。在此同時，這個學步兒又不敢走太遠，總是時時察看媽媽是否還在旁邊。在嬰孩的初始觀點中，媽媽分裂爲兩個人：一個是限制他的「壞」媽媽，讓他拚命想爭取自由；一個是關愛他的「好」媽媽，在他開疆闢地的過程中，隨時給予支持與溫暖。

孩子持續這個脫離過程直到青春期，母親的好與壞形象漸漸融合，孩子終於接受媽媽是優缺點兼備的完整個體。而如果在孩子的最初三年發生了什麼事，以致干擾到正常的脫離，就可能影響孩子的情緒發展。

當別的孩子漸漸獨立，這小孩的情緒卻陷入學步時期，不斷向「好」媽媽索取安慰，以彌補被「壞」媽媽拋棄的沮喪。成長過程中，他也未能成熟地接受媽媽的多種面向，而仍如嬰兒般地把她分裂成「好」、「壞」兩個媽媽。

當這人進入其他階段，便可能會把對媽媽的這種愛恨情結轉移到配偶和孩子身上，也往往抱著分裂觀點看待一切人際關係。

從瑪麗與貝蒂的行爲看來，兩人都曾有遭到遺棄的感受，導致瑪麗無法像其他母親那樣看待自己的孩子，史蒂夫的「出走」於是喚起她對「壞」媽媽的情緒反應。貝蒂在外孫遠走念書時，也重新經歷了那種被拋棄感。

這種人在遭受遺棄的痛苦被挑起時，就會出現同樣的反應。導火線通常是分離，例如阻隔了她和她依賴甚深者的離別。下面是幾個常見狀況：

- 兒子來電取消晚餐之約，因爲公司要開會。
- 母親節時，孫子忘了寄卡片或打個電話。
- 女兒背部拉傷，必須延後一天來訪。
- 到府家管員週末休假，仲介送來一位代理人員。
- 兒子因公出差一週。

不管哪種導火線，這類型母親本能的思緒大致如下：

- 兒子是我能倚靠的唯一好人。
- 他要離開一個星期。
- 他要丟下我了。
- 一定是我做了什麼壞事。
- 我好難過，我無法承受這種感覺。
- 壞人不是我，是他。
- 我要讓他嘗嘗這種感覺是什麼滋味。

如果父母有此反應，你要知道他們並非故意如此，而是一種防衛機制，他們自認情感受到打擊，必須保護自己。

請牢記，無論你再怎麼對父母採取分裂的行爲感到難過和無助，實際上他們的感受更糟。就像上面思緒流程所顯示的，瑪麗與貝蒂把「好人」變成「壞人」，藉以克服自己的痛苦，這樣的反應稱爲「投射」（projection），稍後會再略加著墨。

「我眞不知道我媽下一秒會怎樣。」前來尋求諮商的子女們經常這麼說。「『昨天我還是全世界最棒的兒子，完美無缺，今天卻變成『沒心沒肝的東西』。」他悲嘆道，「而我根本不知道自己到底做錯了什麼。」另一位女士某次到安養中心探望婆婆，婆婆一見她便冷眼以對，讓她整個措手不及（雖然這並非第一次），因爲剛剛院長告訴她，昨天她婆婆才跟另一名住戶相互吹噓自己的媳婦有多棒呢。

從這些例子可以看出，有分裂傾向者是多麼反覆無常，說翻臉就翻臉，下一秒卻又熱情以對。這正反映了他們不穩定的情緒，而家人們首當其衝，最難自處。如果你有爲人父母的經驗就會知道，這種冷熱不定的舉止有多像兩歲小孩，前一秒好愛媽媽，下一秒又說媽媽最討厭，根本把她看作兩個人。

▶▶ 分裂是一種自我防衛，主動者的感受比你更糟。

同理父母的處境

想跟這種看似無理的父母維繫良好關係，關鍵在於理解他們也是身不由己。瑪麗和貝蒂之所以採取分裂態度，是因爲她們不知道除了黑和白兩種極端外，自己還能怎麼辦。如果這也符合你父母的行爲，那麼下次當他們面臨分離的恐懼而自動進入分裂模式時，你就不用太意外，也可以明白不管你怎麼做，都已經被他們列入「壞人」名單。

貝蒂就是個明顯例子。當她聽到外孫獲得一所好大學的全額獎學金，不僅沒有替他高興，反而突然變臉，簡直把傑夫驚呆了。換作另一個外婆，大概會這樣跟孫子分享她的複雜感受：「傑夫，寶貝孫子啊，以後沒有你在身邊，我會非常寂寞。但我也非常以你爲傲，我就知道你很棒。」而貝蒂的「全有」或「全無」人格特質，根本不可能有此反應。

要知道，有些「全有」或「全無」人格者，很難同時與超過一個

▸▸ 跟分裂者就事論事是癡人說夢。

人相處。一對一的關係會讓他們比較自在。若同時面對兩個人，他們就不免會在其中分出好壞。所以，儘量保持一對一，避免三人同處。史蒂夫帶妻子回家住，無異於挖洞給自己跳。

還記得傑夫不斷嘗試對外婆解釋自己爲何選那所大學嗎？沒用的。對貝蒂這樣看事情的人而言，說之以理是不可能的，因爲他們通常以下列方式自我防禦：

- **否認**。「我根本沒說過這種話。」或是怒不可遏地說：「我沒發火！」就像瑪麗否認自己知道史蒂夫要搬走，反而責怪兒子沒先告知。
- **投射**。把自己的感受放在他人身上。「生氣的是你，不是我！」派蒂跟媽媽講電話時，就碰到這種情形。
- **選擇性聆聽**。只聽自己想聽的，不願意聽的自動排除。例如傑夫曾跟貝蒂討論他申請的每所學校，但她充耳不聞。

分裂行爲確實很難應付，也難怪有些子女會受不了。面對這樣的父母，有的成年子女選擇抽離，有的則是百依百順。如果你也屬於其一，你就是在仿效父母；換言之，你也在分裂。這不怪你，畢竟榜樣就在眼前！

但你可以避免落入這個陷阱。有個方法對你和父母都好，但不容易做到。我們用派蒂跟媽媽通電話來描繪這方法的要訣。我們讓派蒂練習兩種對話版本，由她扮演自己的母親，我們扮演她。

我們先重播一下眞實對話。記得她們開始講電話時，派蒂的媽媽把兒子史蒂夫視爲「壞人」，派蒂則是「好人」。

原始對話：

派蒂：我昨天有跟史蒂夫和荷普碰面。史蒂夫最近升遷了，收入更好，也更有地位了。這個小弟，總是志在必得。

母親：我爲他付出一切，最後換得了什麼？你總是站在他那邊。我看你一定覺得他搬出去是我活該，都是我的錯。

派蒂：媽，你爲什麼這麼生氣？

母親：生氣的是你，不是我。

派蒂早知道不該點出媽媽在生氣，因爲媽媽一定會覺得受到批判。但派蒂還可能犯下更嚴重的失誤。且看看下面這段練習，派蒂試著跟母親講理，不用說，結果一敗塗地。

失敗的治療演練——講道理（諮商師充當派蒂，派蒂扮演媽媽）：

派蒂：我昨天有跟史蒂夫和荷普碰面。史蒂夫最近升遷了，收入更好，也更有地位了。這個小弟，總是志在必得。

母親：我爲他付出一切，最後換得了什麼？你總是站在他那邊。我看你一定覺得他搬出去是我活該，都是我的錯。

派蒂：〔試著說理〕史蒂夫和荷普也需要獨立啊！

母親：〔認爲女兒跟著兒子與她作對〕他根本不懂感激。我爲他做牛做馬卻落得這般下場。你幹麼老是幫他說話？

派蒂：〔繼續試著講理，媽媽愈聽愈火大〕我不懂你爲什麼這麼生史蒂夫的氣？也許你還在氣舅舅，卻把怒火發洩在史蒂夫身上。

母親：〔變得暴怒〕派蒂，你弟弟很差勁，跟其他人沒兩樣。現在我看你也沒好到哪裡去。

派蒂：〔還是不放棄講理〕媽，別激動。我相信你今晚想過以後，就不會那麼氣史蒂夫了。

在這個最壞的情境中，儘管派蒂一片好意，卻步步皆錯。她的嘗試講理不僅讓媽媽更火大，還因爲幫弟弟講話而惹毛母親。派蒂母親這類型的人聽不進道理，尤其當他們生氣時。派蒂所犯的更大錯誤是告訴媽媽，她認爲造成媽媽如此的緣由何在，以致媽媽覺得這是人身攻擊。較好的對策不是說服，而是

▶▶ 別跟潑冷水型父母講理，那等於火上加油。別幫「壞人」說話，否則你也會被列入黑名單。別試著當心理醫生。

讓她知道你在她身邊；換言之，認可她的感受。這就是派蒂與諮商師進行的第二場演練。

成功的治療演練——予以認可（諮商師充當派蒂，派蒂扮演媽媽）：

派蒂：我昨天有跟史蒂夫和荷普碰面。史蒂夫最近升遷了，收入更好，也更有地位了。這個小弟，總是志在必得。

母親：我爲他付出一切，最後換得了什麼？你總是站在他那邊。我看你一定覺得他搬出去是我活該，都是我的錯。

派蒂：〔認可母親的感受〕我沒有，我只是很了解那讓你有多難過。

母親：你根本不了解史蒂夫對我有多糟。

派蒂：〔沒有選邊站〕這眞是讓你不好過，媽。

母親：我做了什麼要得到這種報應？

派蒂：〔付出同情〕眞遺憾。你別難過了。

這會兒的派蒂，什麼都做對了。她曉得批評母親的做法只會壞事，所以她以同情的回應來認同母親的感受，但對於母親言談的內容不表立場。她小心避免踏入母親與弟弟之間。更重要的是，她讓母親知道，無論如何，母親還有她。

後面這個演練的成功之處在於，派蒂對母親一輩子無法面對分離有了理解。幾天後派蒂打電話給媽媽，果然將此方法派上用場，成果令她感到振奮。她告訴我們：「這次沒像以往那樣以不愉快收場。事實上，當天我們還一起去吃午餐，而且完全沒再提這件事。我也不再那麼自責了。以往我常因爲對媽媽大小聲而愧疚，現在我比較能包容她。她其實一點也不好受。」

經過諮商，派蒂好過多了。假如你也有類似的父母，你同樣也需要各種支援與洞見，同樣也能透過諮商或互助團體獲得力量。但請記住，有時不管做什麼都沒用。別責怪任何人。父母會如此，是因爲內心某種不可解的東西在擾亂，而那不是你的錯，也不是他們的錯。諮

- 別試著與父母爭論。表達認可即可，讓父母知道你的關心和支持。
- 避免危機發生。尋求諮商或加入互助團體。

商師能幫助你與這個事實和平共處。

許多像派蒂這種處境的子女前來向我們求助，但也有不少人沒這打算，直到有天碰到照護父母時會發生的狀況，才不得不尋求專業，以協助他們應付父母的行爲與照護問題。比方說，也許你的處境與派蒂類似，只不過因爲母親還年輕健康，所以你可能老早就躲得遠遠的，而隨著物換星移，她的健康不再，獨居也逐漸浮現狀況，需要子女幫忙，你或許會義不容辭地出面，卻非出於愛。你可能希望母親搬到你附近，也許住進養老院。跟多數人一樣，你對老人住所的選擇並不清楚，可能需要老人照護專家指引。而不論什麼情況，遷居對老人家都會形成巨大的壓力，不管是搬到別州，或僅是搬到附近。假如你的母親一向都很難相處，你始終和她保持距離，此時這種挑戰便很容易演變成危機。所以，務必及早因應，即時求助。

如何替難纏的父母找到合適的看護

有分裂傾向的人，其極端行爲的對象並不侷限於親友和家人，最大的受害者往往是前來幫忙的看護，也因此造成子女極大的壓力。下面即爲一個典型例子。

【案例8】

不斷逼走看護的伊莉莎白

南西走投無路，前來求援。她獨居的母親必須靠人打理起居，專業又體恤老人家的看護難覓，南西花了好長時間，面談了許多人才終於找到。這位婦人果然不負期待。南西的母親極其仰賴她，每天一早便焦急地引頸期盼。一日，婦人因塞車遲到，一進門立刻被氣急敗壞又驚慌失措的母親修理一頓，說她既然無法準時就根本不適任，當下即將她解僱。

南西只好重頭來過，再度費盡心思，尋覓理想的幫手。不意外地，舊戲隨即重演。來到我們這兒時，她幾乎再也找不到人，情況更遠較以往惡劣。「我媽要我每天過去，」她悲嘆道：「她身邊不能沒人。我實在不想擔任這個角色，但又沒辦法放她一個人在家。我該怎麼辦？」

以下是我們給南西的部分建議。如果你也有類似的問題，那麼同樣適用於你。

不要自己一肩挑起找看護的重擔，讓父母一起面談。這會提醒他（她）：看護是爲他（她）找的，而不是爲你。我們有一位客戶知道她輕微失智的母親無法勝任整個面談過程，就採取這個做法：自己先負責前面找人的階段，挑出兩位之後，再讓母親面談並作決定。

找看護時，務必解釋清楚你母親的行爲模式，包括她對人會莫

▶▶ 讓父母參與尋找看護的過程，並如實向看護說明父母的狀況。

名其妙地忽冷忽熱，這一秒把你捧上天，下一秒卻又指著鼻子罵你。最重要的是，讓對方明白你母親完全身不由己，絕非針對她或任何人。你要指出，母親有可能會氣到把她掃地出門，第二天卻又很想請她回來，所以請她萬一碰到這種狀況，翌日務必來電看看母親是否回心轉意。與對方保持密切聯繫，必要時拉她一把，給予她支持，請她需要打氣時儘管來電。但這一切都必須做好保密，否則你母親會認定你們聯手起來對付她，那時你們都會被她列入黑名單。

如果醫生願意，請他明確要求母親不能單獨在家。母親或許不聽子女的話，但可能會遵從醫生這類權威人士的囑咐。南西說服母親去看她的醫生，醫生告知她：以她的健康情況，必須請個看護，接著便在處方箋上把這則囑咐正式化。

喬治・史密斯，醫學博士
緬因街1400號
紐澤西州綠莊市
電話：(609) 555-4567

1998年10月10日

基於健康問題，伊莉莎白・普萊斯太太需要看護全天候的陪伴。

喬治・史密斯，醫學博士

南西將這則言簡意賅的指示貼在母親最愛的座椅旁邊，每當母親嚷著要換人，她就把字條拿到母親眼前。醫生還交代南西，萬一此招失靈，他願意出診來訪，並祭出殺手鐧告訴他的病人，如果她留不住看護，他就要開單安排她住進照護中心。

請記住，想順利運作，你必須堅決地告訴母親，你不可能擔任她的看護。萬一她把人趕走，先別急著跑去暫代，也別太快找人。讓你母親有機會體認到自己多麼需要一名看護。

▶▶ 別讓自己成為看護的角色。

3

潑冷水型父母（下）：「我不需要你們教我怎麼做。」

如果你認識的某人，其行爲如前一章所述，你八成會敬而遠之——除非那人是你的父母，且年事已高，對你需求正殷。

把人放在好或壞的天平兩端，這種令人感到沮喪和挫敗的分裂行爲（亦即前一章所談的），只不過是諸多潑人冷水的模式之一。只要看看前一章所列出現於評量表中的幾個項目，即可明白何以我們稱之爲「潑冷水」。那些行爲總令旁人不敢領教。基本上，有此行爲者，其實自己本身也很不快樂，所以才以這類舉止把心中的感受傳遞給旁人。

他們的負面人生觀，最可說明一切。當我們看到年輕人憤世嫉俗，或許會一笑置之；但若老人家如此，恐怕只會令子女跳腳，尤其其行爲有危及性命之虞時。下面幾個案例，可更清楚地闡釋此觀點。

【案例9】

寧可獨居也不肯住進安養中心的艾喜

艾喜從小就鬱鬱寡歡。她雖結了婚，也把孩子養大，然而先生和小孩都飽受她的負面性情之苦。先生海利對她呵護備至，無所不從，見太太稍有不快便竭力撫慰。儘管如此，艾喜永遠找得出可埋怨之事。

等兩個孩子相繼離家，一個去念大學，一個結婚，艾喜更是怏怏不樂。她似乎總罩在一團烏雲裡，怪先生只顧工作不休假，兒女沒打電話祝她生日快樂，鄰居不把園丁的電話號碼給她。

海利在八十七歲那年走了，留下八十五歲的她。海利走前纏綿病榻那段期間，艾喜變本加厲，責備海利只顧工作而不顧健康。「如果他跟別人家的先生一樣懂得休假，今天就不會落到這步田地。」接著又怪海利都沒讓她經手家中財務等事情，害她如今沒辦法獨自處理。

艾喜以往的社交活動都靠海利安排，如今他走了，孩子又都住得老遠，她一個人孤單又寂寞。冬天更糟，可怕的氣候讓她只能待在家裡。雪上加霜的是視力衰退，連開車去買東西都成了問題。於是她不斷打電話跟孩子抱怨，她這麼需要幫忙，他們卻沒一個在身邊，親戚也都不住附近，而鄰居都如此「可惡」，從來不伸手幫她。

其實孩子只要有空，都會儘量前來了解狀況。他們心知肚明，父親過世後，母親獨居會有困難，於是不斷勸她考慮其他安排，無奈艾喜拒絕任何改變。如今情況惡化，子女更不遺餘力地想讓她把房子賣了搬到安養中心，既可排遣孤單，也不用再為家事煩心。艾喜想都不想，「別再煩我，」她氣得渾身顫抖，「我不需要你們或任何人教我怎麼做。」同時喃喃重複她的口頭禪：「你們這些可惡的人哪！」

別強迫父母遷就你

經過六個月，問題變得每況愈下，艾喜的女兒發現自己的生活重心已從家庭轉移到照顧媽媽。有一天她終於忍無可忍，知道自己必須求助，便來參加我們為成年子女和家屬所舉辦的工作坊。

很顯然，艾喜的負面性格無法接受任何理性的討論，於是我們建議她女兒換個方式：別跟母親理論，因為那完全無效；試著展現同理心，讓她知道你了解她的感受，但你不必同意她。

這個方法果然奏效。以下是這對母女最近一次商量搬去安養中心的對話。

母親：那地方離購物中心太遠了。

女兒：我知道你習慣老家這裡的便利性。

母親：我認識住在那個安養中心的一個人，我不喜歡她。

▶▶ 與其跟負面性格的父母爭執或理論，不如試著對他們展現同理心。

女兒：是。

母親：如果搬去那麼小一個房間，我這裡這麼多東西怎麼辦？

女兒：我可以理解不能把東西都搬過去，讓你很不好受。不過只要你願意，我可以幫你過濾。

出乎家人意料，艾喜答應搬去安養中心，只是嘴巴不斷嘟囔說這絕對是個錯誤。

母親：我餘生肯定要為做了這個決定而後悔。

女兒：很遺憾你有這種感覺。

母親：我就沒人家那種好福氣。你和你哥都不會一起來看我，好能全家團聚。

女兒：我知道你很失望。

這種溝通風格也許讓你耳目一新。以往你可能總是力勸父母往好的方面看，當他們對你口出惡言則感到憤怒不已。實際上，如果你試著理解他們這種負面行爲往往來自本身的不安全感，你就不會硬要他們遷就你了。

其實，艾喜這樣的人就是無法開懷地擁抱快樂，又要爲自己的不幸尋找代罪羔羊，而那往往就是身旁的近親。他們不會處理自己的情緒，只會用種種毫無建設性的方式宣洩，結果便是雪上加霜。如果你能以同理心給予支持，他們就比較能夠收斂，你也不會因反射性的劍拔弩張而自覺步上他們的後塵。如果你有小孩，這樣的同理表現，無疑是他們的最佳典範。

面對艾喜這類父母，成年子女最大的挑戰就是管住自己的嘴巴。當你讀完上面的對話，或許會有股衝動想回艾喜說：「你有地方可去就該謝天謝地啦。」但那只會加深她的痛苦，提高彼此的對立。相反地，女兒以同理心來回應，則緩和了艾喜的負面行爲。

假如你實在氣到無法說出同理話語，不妨嘗試這句台詞：「我們先別談這個。」你會很驚訝，這麼簡單的一句話竟能化解危機，讓彼此重新開始。

▶▶ 為了彼此好，別強迫父母遷就你。

如同方才所述，成年子女面對負面性格的父母，憤怒是自然反應，而此反應會讓父母更生氣，接下來的口舌之爭對誰都沒好處。劇情可以不這麼發展。當我們如此告訴客戶，他們總是一臉懷疑。從同理心出發，確實能踏上不彼此挑釁的康莊大道。下面案例顯示一位女兒學會如何因應母親踩到自己的地雷。

【案例10】

不隨母親情緒起舞的女兒

我媽真的讓我很頭大。我得時時提醒自己，她就是這樣，看什麼都不順眼，一輩子都不會做人。旁人幾乎都不理她，她成了自己最大的敵人，以致現在孤孤單單。我選擇對她不離不棄，但她那張苛薄的嘴巴就是改不了。

每當碰到這種挑戰，我就想到我那難纏的老闆，也許我可以從我媽這兒學到一些應對技巧，同時用到他們兩人身上，這對我的人生只有好沒有壞。我得牢牢記著：就算媽媽丟下戰帖，我可以選擇不回應。

這位子女學會的是，把母女間的溝通視爲一種挑戰，而非鬥爭。她準備好以新的技巧代替互毆——取下拳擊手套，可以這麼比喻——於是母女關係得以維繫，無所謂誰輸誰贏。

下面這個對話，顯示一位子女面對負面情緒的父母時，如何忍住自己的戰鬥本能。請想像你是她，剛來探視父親。

父親：你連牛奶都沒幫我帶。

女兒：爸，有人會把牛奶送來家裡。這是我們一起安排好的，

▶▶ 面對父母的惡言相向，冷靜拆解這枚炸彈是你的挑戰。

記得嗎？

父親：你有時間陪所有人，就是沒時間陪我。我猜你今天打算去做你自己的事。

女兒：〔只聽不語〕

父親：怎樣？不願意聽眞相了，是吧？

女兒：我一邊在聽你說，一邊試著努力體會你的立場。

重點在這位女兒沒有吃下爸爸拋出的餌，她不曾爲沒帶牛奶一事辯解。如果她這麼做，恐怕會讓爸爸更覺不受重視，情況只會變得更糟。不管她的理由是什麼人或什麼事，老人家大概只會說：「喔，我就是沒那件事情或你那位朋友重要啦……」簡單扼要，同理因應，是處理這種狀況的兩個關鍵技巧。

那並不容易，但你能學會低調以對，化險爲夷。練習是必要的。當客戶帶著這類問題前來，我們常跟他們進行演練。你也可以找位近親好友，幫助你精進這種技巧。

不要放棄。結果値得你所有的努力。

與父母相處的品質，在精不在多

也許你還記得那些唱著拋掉負面、強化正面的老歌，想來這些作詞者在創作時，心裡應該沒有負面人格的父母；但如果你的雙親具有負面性格，不妨好好深思這些歌詞，裡面其實蘊含著無窮智慧。要與父母建立正面關係，就是要為他們多做些不致引發其負面反應的事，以避免踩到地雷。這對雙方都有好處。

就某些情形而言，你應努力做個好子女，而非去當看護。例如有個兒子向我們抱怨，每回幫母親採購，母親只會嫌東嫌西。我們勸他停止做這件事，因為這顯然會引發母親的負面反應。把這類瑣事交給其他人來處理，你則應透過其他途徑與母親建立關係。你和父母曾共同擁有過長遠的過去，如今隨著他們逐漸老去，你們彼此再度靠近，青春期曾因權力拉扯而有的種種緊張因而再度升起。這很自然，但不必搞得像從前一樣那麼嚴重。外界的各種資源可以淡

> ▶▶ 避免做出容易引起父母負面反應的事。選擇讓彼此都開心且樂在其中的活動。

化這個問題：交通可以交給計程車，跑腿可以請高中生打工，陪伴、開車、煮飯可以找個家管員，也可以利用宅配服務，這樣你們就能去享受美好時光了。要善用父母所在之處社會局所提供的公共服務和補助。

對某些家庭而言，某些事情由子女相陪，雙方都最開心。下面所舉的例子，或許也有適合你和父母一起做的。

- 幫父母核對帳簿。
- 翻閱相簿，回憶往昔。
- 幫父母剪指甲。
- 租一部電影一起觀賞。
- 帶父母去看電影、聽音樂會、看戲等等。
- 帶父母出去吃飯。

我們也不斷提醒處於這類情況中的成年子女：好好照顧自己。許多人只想著如何讓父母開心，結果卻忘了自己。也許那是成長時期的舊事重演，若是如此，趕快認出這個模式，積極調整，這樣你才能成爲一個快樂的人。

以下是一些子女分享自己提振士氣之道。

「我會打電話給我哥，他最清楚我媽把人惹毛的本事。當我和他一同回顧往事，我經常笑個沒完。」

「暫時抽身，寫寫日記，這麼做對我最有用。」

「我會打電話跟好友傾訴，之後我就會覺得好多了。」

「我會租幾部電影，放鬆整晚。」

「心情低落時，我就去買條毛毯回家把自己裹起來。」

「我會出去健走。萬一天氣不佳，就待在家裡騎室內腳踏車。」

與負面性格的父母相處，不見得時間愈長愈好。你無法療癒他們的寂寞與痛苦，只能保持穩定的聯繫。長時間的探望後，當分離在即，會讓某些父母更感可悲無依。因此，當你從外地來探望父母，別時時刻刻都和他們在一起。與其住在父母家裡，不如住旅館，以便安排一些自己的活動。

你可能會發現自己認同了父母的看法，覺得做什麼都於事無補。若眞有此傾向，那可能是個警訊，表示你壓力太大，得多把焦點轉向自己。參加互助團體或尋求個人諮商是很好的辦法。不管做什麼，重點是要能抒發壓力，恢復能量，可別讓一片孝心榨乾了自己。

評估風險程度，爲父母作最好的安排

父母的負面性格會對親子關係造成壓力，這點毋庸置疑，而有時那不僅會危害彼此的關係，甚至會帶來嚴重的後

- 讓自己保持愉悅和平靜。在找到合適的活動之前，應儘量多方嘗試。
- 小心別讓自己的性格也變得負面，那是有傳染性的。

果。如果你認爲父母的健康和安全危在旦夕，但其負面性格卻不讓你幫忙，這時，你必須跨出支持和同理的界線，毅然出面作主。

難題在於，如何判斷風險程度已高到應不顧父母反對，義無反顧地介入。以下幾項依據可供你參考，你要儘可能客觀、不帶情緒地檢視。如果覺得太難，不妨找局外人幫忙，像是老人照護管理師。

以下介紹幾種不同的風險狀況，可作爲判斷上的指引。

高風險狀況

在首先這個狀況中，主角的母親和艾喜一樣新近守寡，不同的是兩人的健康情形差很多。以下是女兒桃樂絲在一場工作坊所做的分享。

我好像就是幫不了我媽。她對我每個建議的回應都是「不好」。打從我有記憶以來，她永遠是這麼負面。我記得她至少開罪了四個朋友，因爲她總是毫不留情地批評她們的外表和小孩，搞到現在自己一個朋友都沒有。以前我父親在，這還不成問題；但自從一年前他過世之後，我媽就孤零零地住在那間老房子，咬牙撐著。

只要我沒在旁邊盯著，她就不吃晚餐。她的血壓很高，一定要按時吃藥，但我不知道她是忘了，還是故意沒吃，好讓我一直跑去。我還在她廚房的櫃子底下發現一把燒焦的鍋子。當我提議找人來幫忙打理，也好提醒她吃藥，她一口拒絕。我在我家附近找到一間很棒的養老院，絕對可以提供很好的照顧，她的答覆是：「等我死了再說。」

我實在是筋疲力盡，完全沒轍了。

桃樂絲描述的這個情形，存在三個風險因子。

• 她母親不吃晚餐，導致體重下降。

• 她母親沒有按時服藥。
• 她母親會把鍋子燒焦。

這三項要素已足以構成高風險情狀，桃樂絲應不顧母親的意見，挺身而出主導局面。她母親的健康受到危害，隨時可能在廚房或哪裡發生意外。最好的解決之道是找個家管員，幫忙煮飯、提醒服藥、提供陪伴。

▶▶ 若風險實在太高，子女恐怕得不顧父母的抗拒和反對，找人來照顧他們。

接下來的問題是如何介入。讓家人一一與父母對談是一種方法；不然，全家聚在一起力勸母親，看是要接受家管員或其他照護方式；若想合併以上兩種途徑也行。有時，子女非常清楚怎麼勸都不會有用，那就直接找來看護，然後祈禱父母能接受。

只要家人能維持共識，以上行動通常都沒問題。但有時結果就是曇花一現。例如一開始母親也許答應請看護，過了幾週後，她開始氣家人干預，開除了看護，並對孩子們說：「假如她明天還來，我是不會開門的。」

萬一黔驢技窮，或家人對風險程度看法不一，可致電父母居住地的社會局，洽詢「銀髮族服務」相關事宜，接下來便會有社工人員前來做家訪，評估風險，安排資源。

緊接著是另一個高風險例子，我們幫助故事中的兒子喬，靠自己擺平狀況。喬在我們主持的互助團體中，敘述了他所面對的難題。

我好怕我老爸開車時會害死自己或別人。他的時速比最低速限慢了三十公里，而且還會從中間線道直接來個右轉。有時他會忽然搞不清狀況，就把車停在馬路中央。

他的視力一塌糊塗，反應遲鈍，有時不知自己身在何處，醫生認爲可能是初期失智。每當我一提起駕駛問題，他就氣到滿臉通紅，對我大吼說：「你就是想控制我的生活，奪走我能做的最後一件事。」我不想傷他的心，但更不想看到他傷害自己或任何人。

「你是應該感到害怕的。」我們告訴喬：「很顯然，一場車禍隨時可能發生。但你可能沒留意到其他事情。你父親生氣的反應透露了一切，他說你想奪走『我能做的最後一件事』。老人家面對身體和心靈的各種衰退，包括眼睛看不清楚、身心反應遲緩等，而你和其他人一直對他說，他已不再是前幾年那個活力充沛的人了。」

「駕駛執照象徵著獨立。」我們繼續說：「還記得你自己拿到駕照時有多興奮嗎？那是『轉大人』的一種儀式。若這項殊榮被奪走，對你父親而言將如同災難，也許對你也是。你要同理他。與其把這看作意志之爭，不如視爲是你們都很難處理的問題。」

這類問題並不侷限於負面性格的老人家，而是會發生在任何人身上。假如你和喬一樣，不知該怎麼勸老爸放棄開車，不妨換個方式。別大聲吼叫要他停止。冷靜地談，提醒他眼力已不如從前，請他回想上次眼科醫師是怎麼說的。如果還是無效，就請他的醫生出馬。一張「不得駕駛」的處方箋往往就有用了。

▶▶ 當你決定不顧父母反對而介入，也需尋求家人和親友、甚至外人的通力合作。

若還需要更激烈的手段，監理處應該幫得上忙。在美國某些州，醫生來信便可讓監理處在駕照到期前，要求駕駛人進行更新執照的體檢。萬一你父親的駕照因而被州政府註銷，那麼壞人是州政府，不是你。那時，你父親會感到自己失去了最後一項能耐，將非常需要你的同情與支持。

低風險狀況

【案例11】

依賴又挑剔的雷夫

目前貝蒂和父親雷夫住在同一個城市。雷夫剛從北卡羅萊納州搬來不久，跟他同居五年的女人離開了他。

雷夫七十出頭，健康狀況良好。回頭看，貝蒂明白父親一直很依賴女性，最早是媽媽，而媽甫過世，他馬上跟一名比較年輕的女子在一起，直到對方受不了他太需要關注而離去。現在照他意思的話，女兒應該要全力照顧他。貝蒂立即發現自己每週要花十個小時在爸爸身上，加上她自己有兩個小孩要顧，又是全職上班族，不用說，很快地她就力不從心了。

讓貝蒂心煩的不只是爸爸永無休止的需求。不管她怎麼做，他永遠不滿意，這才真的令人受不了。她憶起小時候爸爸下班回來，總是不斷抱怨他的祕書（不管當時是哪一個）沒有一件事做對，接著又念她媽媽家事永遠沒做好。

當年母親也許是心甘情願的，但貝蒂可不，她知道父親沒理由不能自己多做一點。她建議父親搬進一間老人公寓，那裡有充沛的資源，更有許多社交機會。

不出所料，她父親不肯離開這毫無獨立精神的公寓，搬去「一個處處老人的地方」。

於是貝蒂來找我們。

以下是我們提供給她的建議，以問答形式呈現。

- 你父親是否有權繼續住在他的公寓，即便那對他的女兒，也就是你，很不方便？是。
- 你父親是否面臨任何風險，讓你必須強迫他搬出去？否。
- 你是否應該縮手？是。
- 如果你不想繼續扮演照顧者，可有其他方案？有。

貝蒂的父親有權決定自己的居住方式，即便所有人都認為還有更理想的選擇。除非他有自我忽視或自虐的危險，否則沒必要插手。

但那並不代表貝蒂得照父親的意思走。雖然不能強迫父親換地方住，她應該知道還有其他方法，既能滿足父親的需求，又能讓自

▶▶ 若父母的情況屬於低風險，身為子女的你就縮手吧，沒必要爭得彼此不和。

己卸下重擔。首先，她可以研究一下自己的社區有哪些銀髮族服務項目，然後把資訊告訴父親。他同意的話，也可以安排其他服務，像是宅配餐點、跑腿打雜與交通接送等。

當你評估過整個狀況，確定風險程度算低，就放手別管，只需把各種資源等相關訊息提供給父母即可。

中度風險狀況

並非所有情況都那麼黑白分明。事實上，有很多灰色地帶暗藏著不可忽視的風險。

茱蒂如此描述父親的狀況。

過去十年，我和我爸都沒來往，因爲他傷害了我的自尊。在我還小的時候，他經常無緣無故吼我，喝酒之後更嚴重。他老是頂撞老闆，因此不斷失去工作。他自己的弟弟從不跟他聯絡。事實上，他生命中的所有人都已離他而去。我這次回來，是因爲他的鄰居寫信給我，說他開始失憶，不該放他一人獨居。

廚房洗碗槽裡的蟑螂四處亂竄，裡面一堆沒洗的碗盤。冰箱幾乎是空的，僅有的幾樣食物也快壞掉了。他比以前更自我，也更難相處。我跟他說他該請人來幫他煮飯、整理家裡，他罵我說我在破壞他的生活，他才不要讓陌生人進到家裡來。

茱蒂可以向某個中立單位求助，例如社會局，由他們提出專業評估。他們會先設法踏進茱蒂爸爸的家門，了解他需要什麼樣的服務，並與之建立關係。也許他說採買和煮飯讓他很傷腦筋，那麼社工人員便可和他一起找出解決方案。像茱蒂父親這樣的人，有時寧可讓局外人進到他的世界。

在社工人員盯著茱蒂的父親正常飲食之際，她也會評估他的失憶情況，藉此了解他自理生活的能力。

▶▶ 如果你不確定是否該介入，可暫且退後一步。也許因你太靠近父母的處境，以致無法客觀以對。若是如此，不妨請中立第三方幫你評估風險，並提出建議。

社工人員能幫助茱蒂客觀地審視父親的處境，和她討論其所涉風險程度。需要的話，還可以開始規劃之後應採措施。同時，社工人員也能協助這家人深入了解父親性格的背後成因。

或許，茱蒂父親目前唯一的風險只是會吃壞掉的食物。若是這樣，茱蒂就只需固定來檢查爸爸的冰箱，把食物汰舊換新。面對充滿敵意的父母，與其來個天翻地覆的照護安排，不如像這樣做些他們可以接受的特定事項。

當你束手無策時，請第三方協助

在上述三種風險情境中，幾位子女面對負面的父母可說完全束手無策，每個人都想介入幫忙，卻都遭到冷淡回絕。此時，許多成年子女會覺得只有兩條路可走：要不就迫使父母接受他們的援助，要不自己就縮手不管。

我們還有另一個不同的建議：退後一步，調整一下。像上面談到的這種中度風險狀況最難評估，因為它涉及灰色地帶。如果你也無法判斷，不妨請社工人員前來幫忙，這樣你就能客觀地審視，哪些事會惹父母生氣，以及他（她）拒絕改變的原因。

爲何老人家抗拒改變？

多數人都以自己的獨立精神與自主生活爲傲，老人家也是一樣。他們可能對某些事情的看法與子女不同，就像你有時也不贊成小孩或朋友的意見。你有自己的做事方式，不希望別人來告訴你該怎麼做。

有時候，老人家拒絕聽任子女安排，不啻是種健康自主的表現。也許子女總是太過堅持，一味地認定父母聽他們的話才會比較好。

想搞懂這點，最簡單的方法就是想像自己是個老人，也許八十幾歲，或者更老；可能失去了不少東西，包括眼力、聽力、活力、行動力，卻仍盡最大可能適應這一切。當然啦，比較遲緩是在所難免的。當孩子暗示你「這樣」不妥，他們才知道怎樣最好，想必你大概也要不高興了。接受人生所流逝的東西，難道還不夠令人心煩嗎？還得忍受這些「萬事通」子女

▶▶ 先評估父母所涉風險程度，若屬高風險，你要介入；若不是，就放手。你若無法自行評估，就請專家協助。

嗎？不過再想想，或許你也同意，爲了自己的安全和健康著想，是該做些改變了，於是盡力做出調適。

再假設你是之前那位桃樂絲的母親。這輩子你努力對抗憂鬱，自有一套堅固的防禦機制，拒絕任何可能危及這個機制的改變。現在年紀大了，健康變差了，孩子來勸你，生活方式得做個大調整。光是這個念頭就讓人焦慮不已，你當然會百般抗拒。

健康的老化，需要調適性的自我認知——我雖然無法做這個那個了，但我還是可以找到別種東西。這不是所有人都辦得到的事。那些難相處的人更難承受歲月帶來的流逝，他們對老年的抗拒超乎常情，因爲老化對他們的自我平衡造成了重大威脅。所以，桃樂絲的母親無法適應眼前的改變，她的僵固讓她無法理性並作出判斷。要她看清生活無法自理的事實，就等於要她承認自己已徹底失敗。

面對什麼都不滿意的父母，先別急著動怒

如果你父母的狀況與上述幾則例子雷同，你就會知道，負面行爲幾乎從不單獨存在——

潑冷水的種種行爲，往往會合併發生。假如你的母親很負面，反對你所提的每項建議，她大概就會因爲你做這些建議而罵你，對你滿腹懷疑並充滿敵意。這些行爲就是如此交纏，彼此應運而生。

一個嫌東嫌西的父母讓人很難招架，你會本能地想自衛或反擊，這麼一來，父母的攻擊力道加強，你也不假辭色地還擊，於是開啓了一場沒有贏家的戰事，彼此只有更加氣惱與受傷。

別對父母以牙還牙，那沒有效果。改採非抵禦、非批判策略來回應。下次當媽媽罵你，深呼吸，讓那些刻薄的語句從你背後滑落。可是，一輩子已經習慣那樣反應，改得了嗎？你可以的。只要你了解媽媽其實身不由己，那些行爲反映的是她嚴重缺乏自信，而爲了驅走這種自卑，她讓自己相信周遭人的缺點更多，所以她陷在一種唯我獨尊的意識形態中，總是貶低旁人，尤其是最親近的人。這就是她面對世界的態度。你若開始抵禦，會馬上加深她的自卑；

▶▶ 難相處的父母格外抗拒改變，因為那會摧毀他們終生的自我防衛。

反之，你若默默承受，她獲得了自信，就會放你一馬。

不妨先做好最壞的打算，設想每次碰面，父母就會對你出言不遜。根據經驗假設一個情境，然後揣摩你將如何回應。舉個例子，想像你去探望母親，她一見到你就說：「你這條領帶和西裝完全不配，你是色盲還是怎樣？」以往，你大概會馬上反擊說：「我不知道你在說什麼，我覺得這條領帶很適合。」現在，你可以這樣講：「媽，也許你說得對，回家後我該把臥室燈光調亮一點。」

另一招是轉移焦點。例如我們有位客戶某次去探望她母親，碰到這樣的歡迎詞：「親愛的，你這雙鞋子在哪裡買的？真醜啊！」

這位客戶沒像往常那樣覺得被人身攻擊而啓動防禦模式。她早已做好準備，於是四兩撥千斤地說：「噢，我也不記得了，媽。我倒是很喜歡你腳上這雙鞋呢，你在哪兒買的？」

她母親這樣回答：「你喜歡嗎？記不記得有一次，你爸爸帶我去海邊度假？我在那兒一間很可愛的小店看到……」

如此一來，這位客戶把談話焦點從自己轉移到母親，而且是轉到一個讓她發光發亮的地方。

設想各種可能被父母批評的情境，一一準備好良善的答覆。有時也可以找人演練一下。

被父母批評的感受儘管很糟糕，但還有更糟的：父母很需要某人的幫助，卻總以批評澆對方一頭冷水。下個例子就是如此。客戶貝絲告訴我們，她婆婆莫莉怎樣批評她的看護伊蓮。

有一次我去探望她，她跟我說：「那個肥婆，成天只知道吃和看電視。」我婆婆講這些話時完全沒壓低聲音，反而拉高了嗓門。我都快昏倒了。伊蓮也只能忍耐。我猜這不是婆婆第一回當面講這樣傷人的話。「媽，你怎麼這樣說呢？」我跟婆婆說：「你知道她幫你做了好多事情。如果你再這樣，她會走人的。」

「那我要謝天謝地了。」婆婆氣呼呼地回我。

貝絲無法想像，伊蓮怎麼受得了這種欺人太甚的僱主。莫莉有糖尿病，兒子發現她會忘記吃飯，便僱請伊蓮來幫忙打理家務、採買和煮飯。

貝絲的先生說，從他有記憶以來，媽媽就是這個樣子，後果也不難想像：她沒有朋友，家人對她也都敬而遠之。現在問題更大，若留不住看護，她的健康會出問題。一輩子毒舌的毛病，有辦法解決嗎？

我們告訴貝絲，他們夫妻可以採取幾種應對方式，而最重要的莫過於先了解到，莫莉不像一般人有自我審視的內在控制，她一感到壓力，便馬上口不擇言。這類型的人自我形象低落，欠缺判斷能力，自我控制很差，完全不知如何面對老化；隨便一個普通毛病，如短期記憶喪失，他們都視爲天大的缺點。由於他們無法坦然接受自己的缺陷，因而必須把矛頭指向他人。

> ▶▶ 要明白父母批判和挑剔的性格已經根深柢固，身為子女，不妨卸下武裝，以理解的態度與他們相處。

像莫莉這樣超愛批評的人，甚至不曉得自己有此毛病——她欠缺理解此事的情感能力，也無法理解看護對那些言詞會作何感受。所以，別幫看護講話，那只會火上加油，讓她說得更毒。試著告訴她，批評看護是不智之舉，會惹得看護與她對立；相反地，若善待人家，人家會加倍對她好，這才是聰明之道。

除了在婆婆身上下功夫，也別忘了幫看護打氣。把她拉到一邊，解釋婆婆根本身不由己，這是她一輩子的毛病，她是自己最大的敵人。時時讚美，感謝看護的耐性與付出。一旦伊蓮了解這位老婦人無法自我控制，她的內心十分痛苦，就不會把那些難聽話放在心上，反而能給予同情。

面對處處疑心的父母，先別急著說理

我們已經看到，老年人的負面與苛薄常隨著老化而加深。疑心病也是。這問題同樣出現在潑冷水行爲的清單中。不難想見，一個原本多疑的人，晚年會變本加厲；若又碰上老年常見的失憶，甚至會變得偏執妄想。

下面是一位女兒口中的母親。

我媽每次洗碗時，會把鑽戒脫下來擺在料理台上。今天剛好碰到幫忙打掃的人來，她就隨手把戒指收進櫃子裡。那人離開後，我媽找不到戒指。它沒在平常擺放的地方——不在料理台上，也不在梳妝台抽屜的珠寶盒裡。她馬上有了結論，於是出現以下對話。

母親：「明蒂（打掃的人）偷了我的鑽戒。」

女兒：「你聽起來急壞了！先冷靜下來，想想看你放在哪兒。」

母親：「我記得非常清楚！我的腦袋靈光得很！你老是幫別人講話！」

女兒：「我只是請你理性一點，別這麼指控明蒂。二十年來她從沒拿過你的東西呀！」

母親：「我不管你信不信，反正她偷了我的戒指，我要去她家把戒指拿回來。」

女兒：「媽，這樣做不妥啦！」

女兒那自以爲是的口吻，讓這位母親不禁武裝起來。有這種性格的人，一旦碰到別人暗示他們的記憶有問題，就嚇壞了。他們把這解釋爲人家暗示他們的心智有問題，瘋了。

不難想見，情況愈演愈烈，這位母親顯然不信任幫傭明蒂，一口就認定她偷了戒指。人一旦偏執起來，是不可能跟她講理的。當女兒試著指出事實，只會升高彼此的對立。

下面是比較有效的處理方法。在此，女兒認可母親的感受，而非攻擊她的信念。

母親：「明蒂偷了我的鑽戒。」

女兒：「眞讓人生氣。」

母親：「對呀，我要去她家把東西要回來。你能載我去嗎？」

女兒：「現在不行，我得準備晚飯。讓我想想怎麼處理這件事。你先告訴我整個經

▶▶ 父母若有疑心病，是勸不好的，但你可以支撐他們的情緒，不管是害怕、焦躁或難過。

過，當時還有其他人在家嗎？你什麼時候發現的？有沒有掉了其他東西？」

在這段對話中，女兒沒有反駁母親對明蒂的指控，而是同理母親氣惱的反應。記住，當父母有了偏執的想法，怎麼講都沒用，你該做的是表達同情，比方這樣：「要是我，也會很生氣。」或「天哪，太可怕了！」

你也許會擔心，這樣會不會加深父母的偏執念頭。實際上並不會。你的父母正感到恐慌，需要你的情感支持，這類話語會產生鎮定撫慰的效果，所以不要低估其重要性。

看看女兒是如何追問細節的。把焦點放在事實面，要比徒勞的理論有建設性，也比較不具威脅。

當然，父母的猜忌可能嚴重到影響生活能力，如果是這樣，就要去看有治療老年人經驗的精神科醫師，醫師可能會開藥，尤其若有幻想或幻覺出現。

父母性格大變，背後必有原因

就像其他難纏行爲，潑冷水的舉止也可能到老年時才出現。下面是南西描述她與父親之間的狀況。

我媽三年前過世後，我幫我爸請了一位全職管家，所以九十高齡的他仍能住在家裡。不知怎地，他對這些管家愈來愈無理，有時簡直是苛刻。以前他從不會這樣。我已經快請不到人了。我實在搞不懂爸爸怎麼會性格大變。也許人老了就會這樣。

我們告訴南西，人不會只因年紀大就變得苛薄之類的，背後必有成因，而那是我們必須找出來的，這麼一來，我們說不定可以幫

>> 老人家出現性格上的改變，必定其來有自，值得努力找出原因，你才比較知道如何解決。

助父母翻轉回來。回顧第一章談及老來出現的依附行爲，便是靠著子女的耐性，找回往昔的自己。

有時這種根源顯而易見，可惜南西的父親不是，你的父母也許也不是。那有可能出於生理因素，也可能是心理上的原因。我們建議南西先從生理方面確認，若完全找不出原因，再往心理方面找。以下是我們初步向她提出的問題。

- 你父親最近一次健檢是什麼時候？他的身體有哪裡不舒服嗎？
- 他的記性是否變差？如果是，帶他去給醫生檢查。人發現自己的反應變慢，往往會產生失落感，形諸於外可能會顯得易怒。
- 他服用的藥物有調整過嗎？醫生知道他的個性產生變化，確認可持續這樣的處方嗎？
- 他有按時吃藥嗎？
- 他的飲食是否正常？

如果這些問題未能帶來一線曙光，就轉向心理層面探討，例如你父親也許還在哀悼你母親的離世。

如果原因確實與情緒有關，建議兄弟姊妹一起跟父親好好談談，與他分享你們的觀察和擔憂，看他能否提供更多內幕，大家共商解決之道。如果父親不願配合，你們就只能設法適應，也許可直接向他指出哪些行爲大家可以接受，哪些則否。

我們建議南西請一位照護管理師到府觀察。比起子女，局外人往往更知道如何調停老人家與看護的問題。讓專家評估你父親需要多少居家照護，有時候是子女關心過了頭，管太多了。

> ▶▶ 你若理解父母為何會有那些潑人冷水之舉，反應就會不同。你的態度只要略加調整，將為他們帶來極大的改變。

父母的內心承受著孤寂

如果有人對你忽冷忽熱，動不動就責備你，說你不懷好意，否定你所有的提議，你八成不想再跟他有任何瓜葛。所以這種人多半沒有朋友，子女也躲得老遠，直到父母需要照顧，迫於責任或愧疚，只好出面。

但你要記住，儘管父母讓所有人頭大，但他們比子女更不好受，而且他們無法逃離自己，只能孤獨地與內心的苦悶掙扎。

成年子女能做的最有效之事，就是去了解父母行爲背後的成因，這將爲親子雙方帶來助益。理解幾乎總能帶來同情，進而開啓一切可能。對父母的態度只要略作改變，就能使他們待人的態度產生極大的轉變，不管是對你或對其他人。

4

自戀型父母：
「我媽是太陽，其他人不過是繞著她轉的行星。」

自戀型父母的**行為特徵**

當你的父母：

- 自我形象扭曲，一方面自認與眾不同，另一方面又覺得低人一等
- 只從自己的角度看事情，從不在乎會對別人造成什麼影響
- 對他人的需求無感，卻自以為寬厚慷慨
- 自己的地盤不容侵犯
- 嫉妒別人
- 成天喊著不舒服，讓人搞不清是真是假

當父母年事愈高，老化狀況愈多，免不了會愈把焦點放在自己身上。但若碰到那種一直要當世界中心的人，怎麼辦？如果你的父母屬於這類，他們或許一直以來就是個大麻煩，讓你只想離他們愈遠愈好。無奈他們目前受到老化摧殘，一方面比以前更自我中心，一方面也更加需要你。

下面這個例子，是我們諮商時常見的典型。瑪姬來幫她母親葛爾找新家，希望能覓得一個更安全、能提供更多照護的地方。以下是她的描述。

【案例12】

驕傲得拒絕幫助的葛爾

過去幾年，我媽的健康和視力不斷衰退，但我真的不知道該怎麼幫她。聽她講話，你會以為她像五十歲的人那樣可以隨心所欲地四處走，實際上她什麼都不做，總要等我週六去載她出門，而那是一星期中我唯一可以休假的一天。

每次我建議她搬家，她就大發脾氣。幾個月前她的髖關節碎裂，走路不穩，最近又跌倒兩次，但她出門還是不肯用助行器，甚至連手杖都不拿。她說：「如果我用手杖的話，人家會以為我是個瘸子。」

這就是我媽，一直都這麼驕傲。其實說「驕傲」還太客氣了，她總是大喇喇地吹噓自己多有才華，我的成就也都得歸功於她。尤有甚者，她從不知道我對任何事的看法，只在乎她自己怎麼想，以為我的想法都跟她一樣。

我妹妹雪莉說得好：「媽是太陽，其他人不過是繞著她轉的行星。」那讓我想到《創世紀》裡那個夢到父母、兄弟都跟他磕頭的約瑟夫，後來兄弟們讓他付出自大的代價。我和妹妹從沒想過要母親付出代價，只是我們都很早就結婚，儘可能搬得離她很遠。

當然，即便我現在住得近了，她仍整天碎念我曾經「丟下」她。如今她加倍需要關注，幾乎需索無度，但我們畢竟是她的女兒，總得把她照顧好。她認為我們的先生是侵入者，從來沒給他們好臉色看，但她自己當然不承認。好在，母親這樣霸占我的時間和心力，並沒有危及到我的婚姻。

自戀者的典型舉止

葛爾的舉措，可以用「自戀」（narcissistic）來描述。這一名詞出自希臘神話中總是顧影自憐、俊美又自負的納西瑟斯（Narcissus），常用來形容某人自我意識太過高張。此一形象似乎頗符合葛爾，至少對她的女兒們來說是如此。

當我們用「自戀」來形容某人，通常表示其自我感覺良好到不正常。當某位女性為自己一手把孩子養大而感到驕傲，我們並不會說她自戀。

葛爾不同，她一輩子的自負，強烈到連女兒都覺得有問題。兩者之間差別何在？

健康的自傲與病態的自戀，基本差異在當事人的自尊是源於內心，還是仰賴他人。前者在成就某事之後，無論事蹟大小，都對自己感到滿意；旁人的讚美當然讓他很開心，但他並不需要因此才有成就感。相對地，病態的自戀非得得到別人的恭維不可。以某大數

> ▶▶ 自戀的人需要旁人不斷地吹捧，以加強其良好的自我感覺。

學教授爲例，這位先生在一所著名學府任教多年，通常像他這樣地位顯赫的教授，此時早已帶出數十名博士生，但他卻只有寥寥幾名，因爲眾所皆知，他總是把學生的研究成果冠在自己頭上。明明自己早已成就斐然，名滿天下，卻一直剽竊學生的心血，以持續燃燒世界對他的推崇。

葛爾就像這位教授，渴望旁人的奉承，永不歇止。智商高低不是重點，他們的內在機制一模一樣，都需要旁人不斷地吹捧。

通常病態的自戀者只要能力所及，一定要過某種惹人矚目的成功生活，讓他人羨慕以滿足自我。他們只顧自己的美麗、權勢、成就，沒時間同情別人，因爲在自我膨脹的外表之下，本我十分脆弱敏感，受不了任何批評。

從瑪姬對她母親的描述，即可窺見這種自戀者的行爲。

> ▶▶ 在高張的自我底下，隱藏著過分敏感的脆弱本我。

- **「如果我用手杖的話，人家會以為我是個瘸子。」**跌碎髖關節，對自認是美女的葛爾無疑是一大打擊。我們聽到瑪姬說，每次有晚宴，母親總要花上幾個鐘頭攬鏡自賞；她的朋友都小她很多歲，這讓她自覺青春有活力。從這些蛛絲馬跡，不難想見她很難接受老化這件事——拿手杖還得了，整個人看上去不就又醜又老了。

- **「她總是大喇喇地吹噓自己多有才華，我的成就也都得歸功於她。」**葛爾自覺稟賦超群，這種感覺其實是在遮掩自己不如人、沒價值的自卑感。她把女兒瑪姬看成是自己的延伸，而非獨立的個體。瑪姬小學時得到繪畫比賽冠軍，葛爾的反應像得獎的是她自己，不然也是瑪姬能得獎，全因有她的基因。
- **「她從不知道我對任何事的看法，只在乎她自己怎麼想，以為我的想法都跟她一樣。」**這位女士的同理心很弱，幾乎不在乎他人的需求，即便是自己的女兒亦然。說得更白一點，她無法體會女兒的傷痛、快樂或失望，所以永遠不能眞正懂她。像瑪姬這樣的孩子，常會對父母感覺很疏離。

這位母親也顯現出強烈的控制欲，藉此維護自己莫名的優越感。她要牢牢掌控一切，深怕若不如此，自己將感到不安。極端自戀的人非常自以爲是，旁人若有不同看法，勢將受到她的鄙視。

- **「她認為我們的先生是侵入者，從來沒給他們好臉色看。」**葛爾只想獨占女兒全部的心神，希望女兒呵護她、崇拜她，安分地當在她旁邊轉的小行星。當有人把這些行星帶走，她馬上視其爲眼中釘，以致根本無法享受家庭開枝散葉的喜悅。就像其他極度自戀的人，葛爾只許女兒關心她一個人，而這經常造成許多家庭衝突。

避免自戀型父母對你需索無度

瑪姬和她母親相處上的問題絕非特例，你或許也面臨類似狀況。想維繫親子關係，首先得了解：這些人的自戀已深植於性格當中，與其妄想希望他們能改變，不如先調整自己的行爲和態度。

瑪姬無法改變母親，你也改變不了你的父母。有時身在這種處境的子女，一心只想討好父母，無奈卻只落得在原地打轉。面對現實吧，這類父母是不可能持續感到滿意的。明白這一點，你就能妥善調節力氣，並可更包容他們。

別跟瑪姬一樣，陷入以其人之道還治其人之身的陷阱，套用她母親的控制手法，想強迫母親換地方住。這種意志之爭只會造成兩敗俱傷，讓親情變得更加疏離。

當你理解自戀者慣常的行爲，並看清自己對父母的反應模式，你就比較可以付出同情和寬容。如果你有位類似葛爾的媽媽，你就會知道，儘管她需要幫忙（採買雜物、檢查郵件、跟她作伴），但你們兄弟姊妹不必全部攬下。誰能幫忙？下面列出幾種幫手，他們來自正式或非正式的支持網絡，能讓居家老人更安全、更自給自足。

- 由社工人員出面協調看護人手，並向父母建議可從事的有趣活動（包括室內與戶外活動）。

▶▶ 不要奢求自己能滿足自戀型父母。

▶▶ 停止與父母的意志之爭。

▶▶ 避免會讓彼此產生衝突的狀況。另找幫手處理日常瑣事，把彼此相處的時間花在其他活動上。

- 請鄰近的高中生幫忙跑腿。
- 僱請負責開車的看護。
- 請復健師來家訪，評估父母的行動能力並給予建議。
- 請其他親屬定期來訪。
- 請父母的朋友常來探視。
- 請教會教友志願來訪。

清楚表態，說明你能做哪些事情，別人能幫忙做哪些事情。要讓葛爾狹隘的世界對其他人敞開，恐非易事，但請記住：你的態度決定一切。這有兩種途徑：威脅性的，以及不帶威脅性的。

瑪姬如果這麼做，就糟了——跟媽媽吵嘴時衝口說出：「媽，我受不了來你這裡當你的傭人了。我會另請高明。」

▶▶ 向父母表明，哪些事你能做到，哪些則否。態度溫和，充滿解決的善意，並且要挑對溝通時機。

換成平靜肯定的語氣，會比較容易成功。但首先，瑪姬必須想好要說什麼，以及怎麼說。她決定不要把整個週六都花在母親身上。以前她總是一早來，幫忙處理各種瑣事，再帶母親出門；現在，她準備請人負責打理雜事，她則和媽媽享受輕鬆時光。過濾郵件是其中一件麻煩事，母女常爲這個鬥嘴，所以瑪姬決定這麼做。

「媽，我知道你習慣讓我每個週六來幫你處理信件，不過以後我會請海莉幫忙，就是住在附近那個十六歲的漂亮女生。我週六照樣會來，但有了海莉，你和我就可以出去走走。下週六見囉。」

瑪姬向母親保證她週六仍會來，這點十分重要，否則母親會因她找個青少女代替而感到受傷。時機也十分重要，應避免在憤怒厭煩的當下和母親溝通；冷靜理性的態度才是正確之道。

看到這裡，許多讀者或許會說：「不可能，我媽絕不可能接受這樣的安排，除非有天大的好理由。」請參考下面這個例子，一位女兒因爲自己的健康因素而另請幫手。

母親：記得啊，明天早上九點來。我跟牙醫有約，還得再處理幾件雜事。

女兒：媽，我沒辦法陪你，不過我明早八點就會到，讓你認識蘇西，她會帶著你把要做的事情做完，然後幫你準備午餐，做完後再離開。

母親：〔不等女兒說完〕親愛的，那可不行啊，我不可能讓別人來我這裡跟我一起吃飯、看電視。

女兒：媽，拜託你試試看。前幾天我去看醫生，她很擔心我的血壓，叫我一定要注意身體，多休息。我希望我們在一起的時間是輕鬆愉快的，所以，明天早上我帶蘇西過來，然後週日照樣帶你去吃早午餐。

母親：那……這個蘇西是哪裡找來的？

這位女兒直接挑明自己的健康狀況，態度冷靜明確。再怎麼自我中心的父母，聽到孩子的健康出了狀況，多少也會有所警覺，即便他們仍擔心自己沒人照顧。設定界線，是子女需面對的一項重大難題；自己的成長階段有任何需要，父母總是在那裡，現在情況對調，自己也該對父母有求必應。然而，若父母過度依賴或太過自我，便容易需索無度，此時，子女就要懂得設定界線，平衡自己的身心。

說到底，極度自我中心的父母，需要旁人的關注可說是永無止盡。你是該付出關心，但不該超出自己的底線，損害自己的健康。

如何適當地婉拒想來同住的父母

「我媽想搬來跟我們住，那會是一大災難。」這是艾美面臨的困局。照她形容的，她母親「很完美」。「如果從頭來過，我會選擇完全一樣的人生劇本。」艾美不斷重複這句話。她母親每年從佛羅里達州過來一、兩次，雖會造成緊張，但每次不過幾天，還在可以忍受的範圍。這回不同了。母親第一次講起自己的心臟有毛病，所以跟女兒提出同住的要求。

老人家常希望跟孩子住，一個原因是幾代同堂的舊日傳統，那個時代大家並沒有太多選擇。另一個常見的原因是孤寂，當父母變成孤單一人，常盼能從兒孫那裡獲得溫暖，而非獨居或跟陌生人同住。

艾美的母親也許上述兩種因素都有，卻也更可能是因爲她的自戀性格。她可能難以置信，像她這麼「完美」的人，心臟竟有問題；跟女兒同住，可確保儘管如此，女兒依然愛她。

有些子女對此要求非常配合。我們曾見過有些人不計成本，把屋子改造成無障礙空間。然而當父母很難相處，一般子女的反應也就不脫艾美這般——設法不讓母親搬來。

下定這種決心很不容易，把決定告訴父母更難。這是設定界線的最高等級。但無論狀況如何，總有比較高明的溝通方式。

根據我們的經驗，若能把握下面幾個原則，情況會好很多。

- 儘量坦誠以對，也儘量爲父母保留顏面。
- 自始至終都要表現得溫柔貼心。
- 請父母安心，雖不同住，你一定會對他們加以照顧。
- 把話講開。如果父母暗示想搬來，就開誠布公，一起討論。

- 卸下武裝。防衛性的言詞，總會激起更防衛的針鋒相對。
- 清楚表達，堅定立場，也認眞傾聽父母的回應。

經過諮商，艾美跟先生及妹妹討論一番，與媽媽有了以下對話。

艾美：我很高興你也認爲不要住那麼遠，尤其你現在的健康有些狀況。妹妹和我都很歡迎你回到這個地方。你願意出錢重新裝潢房子，班和我都很感謝，但我們考慮後，覺得實在不可行。你也曉得，我和你老是意見不合，彼此間留點距離會比較好。

母親：屋子加蓋以後，屬於你們的私人空間大得很，而且我可以幫你們顧小孩。

艾美：媽，我們已經仔細想過了，你住附近會比較妥當。

整個敏感的對話過程中，艾美始終維持正面與坦誠。她先是支持母親基於健康考量搬到附近，接著坦然面對彼此向來不合的事實。她沒有講一堆表面理由，那反而容易激起情緒性的爭辯。最後當母親還是不放棄，她依然保持堅定。

與父母溝通的方式，取決於眼前的處境。某些條件或許有所幫助，就像以下這些例子。

- **當母親拐彎抹角地說人家的女兒「多乖呀」，都會邀媽媽過去一起住**。「媽，我也希望能像蘇菲的女兒那樣，但你和我都很清楚，我不是那種個性。不照我意思或沒有足夠的私人空間，我很容易就會亂發脾氣。我們兩人無法相處太久，分開住對彼此都好。」
- **夫妻倆剛面臨空巢期**。「媽，你也曉得，班和我好不容易才把孩子們都送進大學，現在我們很珍惜重新屬於兩人世界的生活。不過，我們很歡迎你來當鄰居。」
- **子女單身或單親**。「媽，你知道我們兩人相處時間一長，就會開始吵架。我希望我們

▶▶ 父母想搬來同住，子女要根據你們的狀況，量身打造適合的溝通方式。

在一起的時光都很開心，我保有自己的空間，你又住得夠近，這樣最棒了。」

- **家有青少年**。「媽，你很明白這年紀的孩子有多難搞。如果我們全住在一起，碰到問題時會很難處理的。」
- **老父親覺得他來付點租金，可以分攤你們的經濟壓力**。「爸，我們相處和諧才更重要。最好的方式就是分開住，又住得夠近。你也知道我們離家後，彼此的關係變得比較好。歡迎你來當鄰居。」

不管上述有沒有類似你的處境，記得要明確守住底線，並且體諒父母的感受。

降低對自我中心父母的期待

別以為只有自戀型的人才會自我中心。有的人十分謙和與依賴（與上述那些自負性格完全兩樣），卻也非常自我。記得第一章案例2的蘿絲嗎？每當兒子打算出門度假，她就會生病。這種人對情感的需索極大，也只關心旁人是不是照顧他們。表面上，蘿絲和本章案例12

的葛爾截然不同，一個自卑，一個自大；實際上，兩人都超級敏感，恐懼孤寂，害怕被拒絕或被遺棄。他們常有類似行爲，就像下面這個例子。

【案例13】說要幫忙，卻總是讓人服侍的凱特

諾瑪和吉米這對夫妻，為了吉米的母親凱特前來找我們。幾週前，諾瑪生下第一個孩子，凱特說要來幫忙，夫妻倆很感激，卻對是否該接受遲疑不決。凱特個性敏感，很難相處。夫妻談起了三年前的那個經驗。凱特前來共度感恩節，朋友邀他們一起吃晚餐，諾瑪特地做了一個漂亮的南瓜派。到了友人家，諾瑪進門時絆到腳，手中的派掉到地上，她趕緊彎身搶救眾人的飯

後點心。情況實在很慘。

更慘的還在後頭。當晚他們告別友人後一上車，凱特的臉隨即垮了下來，雙唇緊閉，過了半晌終於爆發：「我這輩子沒受過這種侮辱。你們居然沒介紹我給主人，簡直把我當女傭嘛！」

掉派悲劇發生時，吉米和諾瑪只顧蹲地搶救，完全忘了什麼禮儀。當然，用餐時賓主盡歡，主人更對首度上門的貴賓十分殷勤。但這對凱特顯然還不夠，她認為自己受到輕忽，久久無法平息。諾瑪說自己深覺心寒，「她一點都沒想過，摔壞那個派可能讓我多難過。」

儘管記憶猶存，但凱特如此誠意，兩人決定不計前嫌，歡迎她來。「她在午餐結束時抵達，穿著她最好的黑色外套，裡面搭配一件很美的白襯衫。她看著我幫寶寶哺乳，坐在那裡說：『我看你的奶水不大夠喔，親愛的。當年我的奶水好多，吉米才兩個月大，體重就增加了兩倍。』

「這些話不大中聽，但我仍希望情況會好轉。到了下午，凱特的外套仍沒脫下，完全沒有要幫忙準備晚餐的跡象。第二天早上，她又穿著那件外套下樓，等我做早餐給她吃。一個星期下來，我和吉米已打算請個幫手，但不是顧寶寶，而是服伺她。直到有天早上，我沒做早餐給她，她呢，穿著那件黑色外套，只好自己動手。結果她當天立刻打道回府，到現在都不跟我們講話，我想她真是覺得受傷了。」

凱特是一片好意。她不辭辛勞，橫越八百公里來看孫子，就是最好的證據。只是她現在沒有能力幫忙，就像三年前她沒辦法原諒兒子和媳婦在感恩節那天的輕忽。她心裡只有自己，這是她克服不安全感的唯一手段。從三年前的感恩節到現在，她完全沒變，以後應該也不會。

我們給吉米夫妻最重要的建議是，要理解凱特的弱點，降低自己的期待。凱特全副心思就只有自己，完全無暇顧及他人。假如你在凱特身上看到幾許你母親的影子，下次你就知道該如何接待她，像是：不要交付工作給她，不要期望她幫忙，要安排親友來跟她作伴。這樣，萬一哪天她主動說要請你吃飯，你就會非常開心，但千萬不要有所期待。這是祕訣。

我們很容易把這類自我中心的人看作是自私，但「自私」表示那人有自我控制的能力，凱特卻是因爲自己的需求大到無力去管他人。她將所有的情感能量都用來保護自己不受傷難過，以致沒有剩餘的可以給別人。要你別期待母親有一天會變得慈愛，可能有點殘酷；但你若接受現實，就比較能坦然面對她，不再一廂情願地以爲只要她有心就能改，或是以爲你可以做什麼來改變她。

父母渴望得到關注乃是出於恐懼

如以上幾則案例所示，過度自我中心的人，老來容易變本加厲。曾汲汲於打造成功的家庭和事業，曾擁有的積極角色與地位，現在已不具意義；曾給予他們關注的親

> ▶▶ 如果你的父母向來很自我中心，那麼以後應該也不會改變。如果父母不大會幫忙，就別請他們做這類事情。他們自己的需求太大，根本無法體會別人的需求。

友，一一從他們的生活中消失——有的離開人世，有的搬離此地，還有的因爲受夠了而拒絕往來。曾以自我爲焦點的世界，遭逢老化伴隨的病痛、失落而分崩離析，加劇了他們潛藏的自卑。向來強硬的外表，又讓他們缺乏應付這一切的彈性。

本章之前描述的幾位自戀型人格，就正在經歷每個人終將面臨的凋萎，使得他們飽受驚嚇。瑪姬的母親無法忍受自己看起來蒼老、或拿手杖等洩漏年齡的事物。失去了年輕的美貌，誰還會寵她、愛她？艾美的母親被自己的心臟病嚇壞了，那不僅意味著人不免一死，更讓她恐慌自己的老弱會奪走親人對她的關愛。她想搬去跟女兒同住，並非只因病弱需要照顧，而更出於怕女兒拒她於門外的憂慮。因此，我們給艾美的建議，便是先從這層理解出發：了解她母親是擔心遭拒，因而深感恐懼。

▶▶ 父母可能以生病（身心症）作為對付內心衝突的方式。這些疾病確實存在，並非幻覺。要有耐心。老年精神科醫師能夠協助父母緩解情緒症狀。父母可能會抗拒看精神科醫師。在做此安排時，要妥善想好因應步驟。

像這些母親這般自我中心的人，往往不自覺地以生病來應付焦慮，抵擋憂鬱。就好像把這些不好的感覺硬生生擋開，將之附著到身體某個部位，如此一來，問題便不再是內在的情緒衝突，而是具體的身體不適。實際上，這些疾病反應了他們的自我衝突。就像有位飽受「宛如被大錘敲打似的頭痛」的女士，訴說著即將搬家帶給她的天翻地覆；就像一位患有腸胃疾病的先生，傾吐他滿腹的失望與憤怒；就像一名有肺病的男士，埋怨他毫無責任感的哥哥如何讓他抓狂。

如果醫生的態度輕慢，會讓他們深感受傷。醫生和你一樣，常以爲這種疾病是出於想像。其實不然。那些病痛眞眞切切，是面對壓力的反射性回應，往往發生在離別之際，例如你準備去度假時。當然那不免使子女煩惱、甚至憤怒，認爲父母總是只顧自己。如果你明白這是無意識的表現，他們正在對抗一輩子威脅他們的憂鬱，自己也是身不由己，那麼，你的怒火就會小很多。

抗憂鬱藥物可能會有幫助，若能去看老年精神科醫師更好。你可能會想，說得容易，問題是要怎麼說服父母去看精神科呢？一種方法是，告訴父母，這位醫生是藥物專家，可以開藥療癒他們所抱怨的失眠或任何毛病。另一種方法是，千萬別提醫生與精神科的關係，你就告訴父母，這位醫生可以幫忙減緩他們常說的身體不適。

不必逃跑，也毋需放棄

看到這類自我中心人格者面對老化，著實令人難過，更別說如果那是自己的父母。或許你在成長過程中深受父母需求之苦，你的表現不如期待使他們感到生氣和絕望，而你就是無法滿足他們，於是你對他們的極度敏感變得超級敏感，爲的是顧及他們的自尊，同時也是爲了保護自己。

下面是一些成年子女描述與這類父母相處時的感受，不管相處時間長短，或僅僅是身爲自戀型父母的子女的心聲。

- 每次探視或一通電話之後，我整個人幾乎被掏空。
- 想保護我的隱私和空間。

- 對別人的需求更加敏感，卻忽視自己的需求。
- 父母的行爲讓我無地自容。
- 一旦成爲目光的焦點，總令我焦慮不已，因爲父母從沒讓我有這種機會。
- 對自己的成就感到愧疚。
- 面對事實比面對情緒容易；無法確認自己的感受。

你甚至因受不了再拚命地滿足他們，一有機會便馬上離家。如今他們年老需要照顧，你只好回來。老問題依舊，而且更嚴重。他們需要得到的一切關注和期待，你得全部提供。你好像坐在旋轉木馬上，轉啊轉地努力討他們歡心，說盡好話，做盡一切，直到你覺得好累好累，甚至筋疲力竭。

不用說，讓自己投身以滿足父母對關愛的需索無度，對你十分不好；逃開卻也不是辦法，這對你和父母都不公平。兩者

> ▸▸ 你毋需從自戀型父母的身邊逃開，也毋需滿足父母永無止境的要求。當中另有蹊徑。

當中，還有第三條路可走。與旁人討論，就頗有幫助。把心事講開，聽聽配偶、友人、諮商師怎麼說。

下面是一位女士對朋友的傾訴。

> 我想，在我媽眼中，只要我不照她的意思，就是很糟的女兒。我得完全依她的要求，甚至跟她有同樣的感覺，這樣她才會開心，但她維持不了多久。不斷討她歡心，全是我的責任。我已經決定了，身爲女兒，我會盡力照顧她，但我再也不要犧牲自己了。她不能像以前那麼開心，我也愛莫能助。

感受到這位女兒的豁然開朗嗎？經年像個旋轉木馬般地辛苦之後，她終於能夠釐清思緒，梳理情緒，也終於看清自己無法負責母親的心情。

在另一個案例中，女兒抱怨母親總是破壞全家人的聚會，不是打斷眾人談話，就是默默坐在角落，不斷設法引起別人對她的關心。而在苦笑忍耐或是不再邀請母親這兩種極端之間，女兒找出了中庸之道。下次聚會將出現母親的人生故事書，以母親各個精采階段來呈現整個家族的歷史。她將跟家人們一對一分享珍貴回憶，如此一來，母親獲得充分的關注，也不掃大家的興。事前準備也讓母女倆很開心，好幾個星期都有重要事情可做。

還有一個例子。一位兒子受不了媽媽總要「頂尖人物」——頂尖律師，頂尖醫師。若某位「頂尖醫師」把她轉介給同事，她就覺得深受侮辱。當兒子理解母親的性格之後，便不再責怪她的這種企求，盡心幫她爭取到頂尖的治療。

所以，你眞的還有第三條路可走。

▶▶ 發揮創意，想出有建設性的方法，滿足父母渴望關注的需求。

5

控制型父母：
「每天早上九點準時打電話給我。」

控制型父母的**行為特徵**

當你的父母：

- 利用罪惡感和阿諛諂媚等手法操縱他人
- 具有被動攻擊的人格，以被動舉止折磨人，例如不斷拖延、拒絕溝通等
- 容易激起他人的無助或憤怒，實際上反映的是自己內心的情緒
- 生活方式不容挑戰，無論是一般瑣事（飲食、穿著）或重要的價值觀（教養小孩）
- 若控制對象的反應不如預期，譬如沒有隨傳隨到，馬上便怒不可遏
- 要求過分，造成反效果

「我媽是個控制狂。」

這是我們最常聽到客戶講的話之一。如果你的父母也有前面幾章所描述的行爲，你大概也不時有此一嘆。記得第一章依賴型母親，以生病或敵對讓孩子就範；第四章自戀型父母，

窮盡一切手段讓孩子不斷呵護他們的自我形象。這些長輩其實身不由己，那些操控行爲是出於下意識，表示他們很怕被遺忘，害怕會落得孤單無助、無依無靠。他們大多在早年時遭遇過傷痛，或是無法正常脫離母親，以致恐懼深植於心，隨著他們逐漸長大而內化，終生無法消除。因此，他們不斷設法避免讓被拋棄的悲劇重演，而做法之一就是把孩子牢牢綁在身邊。若子女不照他們的意思，自行其是，無異是打破了親子連結，與他們脫離，讓他們感受到被拋棄的苦痛。無怪他們要竭力預防，成爲控制狂。

有這種父母的子女會有各種反應，通常他們會選擇最簡單的遠走高飛，機會一來就跳脫父母的軌道，直到父母年老不得不回來。此時，子女不僅要面對照顧之責，更得克服多年

▶▶ 明白下列這些事實，你將有能力改變現狀：

- 無論父母的控制欲多讓你抓狂，記住：他們比你更痛苦。
- 父母早年曾有的創傷，如今又被喚起。
- 藉由支配他們所依賴的人，他們便能有效抵禦創傷所喚起的憂鬱。

距離所累積的陌生與敵意。有的子女並沒打算整個跑開，只想把距離拉遠一點，卻被父母悍然拒絕，因他們只允許一切由自己掌控。請看接下來這則案例。

蘇珊正處於中年，她之所以來尋求諮商，是由於母親控制欲所引發的危機。以下是她的描述。

【案例14】

不順己意便跟女兒斷絕關係的控制型母親

我妹妹貝西上週從加州打電話給我，口氣失控道：「我再也無法應付爸媽了，你得幫我。」

我大吃一驚。不是因為她說的內容，而是她終於開口了。要知道，我妹已經二十年沒跟我講過一句話，同樣地，我爸媽和我也二十年沒聯絡了。

我和史丹剛結婚時，住在娘家附近，我媽隨時會出現，完全不管我們是不是在忙。過了兩年，我們搬到三十二公里外的小鎮，她人是沒那麼常現身了，但卻以電話取而代之。她要求我每天一早必須打電話給她。如果上午九點前她沒接到電話，接下來就會沒完沒了。

我媽企圖以各種手段綁住我，電話只是其一。我開始無法忍受，找諮商師求助，漸漸獲得勇氣，準備鬆開這樣不健康的母女情。

於是我告訴母親我在看諮商師，我必須學著獨立一點。當我提到我要減少一點聯繫，從每天通話變成每週三次，她暴跳如雷。我永遠記得她的回答，因為那是她最後一次跟我講話：「如果你要的是一週三次的媽媽，你得到的會是一週零次。」

她不僅跟我斷絕聯繫，也不讓我爸、我妹跟我往來。這就是為什麼當我接到貝西來電時，我會那麼驚訝。

那次事件之後，我試著彌補，但都被我媽拒絕。不照她的意思走，一切就甭談。這些年來，我許多的努力都被打了回票。母親節的花籃被退；有一次我去加州，又寫信又打電話想約我妹出來，我妹不肯；甚至有一回好不容易跟我爸單獨講上電話，他只說：「你了解你媽的個性，最好別再打來了，否則她一發火，我也沒好日子過。」

我父母幾年前搬到佛羅里達州，健康情形逐漸惡化。我爸出現失智症徵兆，我媽則有心臟問題。我記得直到幾年前，我媽對我爸還是很差勁，但我爸總不當回事。他非常愛她，願意為她做任何事，包括與我斷絕關係。不管我媽對他多惡劣，他總是聳聳肩就算了。貝西說，現在更糟，她再也無法承受了。她每天從加州打電話，隔空關切他們，但愈來愈感到焦慮無助，終至崩潰，於是打電話給我。她說，該換我接手了。當然，她也怪我這些年來與他們保持距離，也沒出錢。

這麼多年來被拒於門外，讓我非常受傷。我的孩子、孫子都不認識他們的表兄弟姊妹和其他親戚。貝西跟我媽很像，她們的關係很親，這幾年似乎又更緊密了。我很氣貝西讓局面演變成這樣，但透過治療，我開始明白，貝西可能缺乏我這樣的勇氣，無法獨立自主。

經過這許多年，現在我面臨是否該回去的難題。我跟父母住得很遠，雖不像加州，卻仍是長距離。我該跳上飛機飛去佛羅里達州嗎？我媽會願意跟我說話嗎？如果會，她會不會又像以前那樣硬要跟我綁在一起？我該如何放下受傷被拒的情緒，讓我至少能面對我父母？

成年子女不再被父母控制的方法

說著說著，蘇珊哭得無法自己，多年痛苦形成了傷害，她覺得眼前的自己眞是進退兩難。此刻父母正需要她，如果她不介入扛起責任，她將永遠無法原諒自己；但如果介入又被拒，豈不是在這多年的傷口上灑鹽？

好在，多年前那位諮商師的支持，依然有所鼓舞。年輕時，每當蘇珊想脫離母親獨立行事，罪惡感總會油然而生。透過那位諮商師，她才明白，人都需要依附與獨立，痛苦歸痛苦，她必須成爲獨立的個體，情緒才能成熟，婚姻才會幸福。

更重要的是，該諮商師有向蘇珊解釋，她的父母絕非「壞人」；相反地，恐怕他們也是自己缺陷的受害者。

多虧她早期的那位諮商師，蘇珊得以過著比較自在的生活。也因此，這回在面臨如何與家人重新連結的掙扎時，她願意前來尋求幫助。我們討論得愈深入，她愈清楚自己不能置妹妹於不顧，一定要出手相助。

但這件事不能靠她單獨行動，每個步驟都必須姊妹倆攜手共進，以免母親再像從前那樣，製造她倆的對立。爲此，諮商師安排了三人電話會談。只要對基本原則達成共識，蘇珊就立即行動，讓貝西得以喘息。

- 別讓控制型父母造成你與手足敵對。可以的話，設法與其他近親聯手行動。
- 若情況很難面對，不妨從角色演練著手。

因多年來蘇珊與家人都沒有聯繫，所以先由貝西讓母親有心理準備。貝西可透過電話或郵件，說明自己因爸爸的情況惡化而聯繫了姊姊，請她幫忙。接著蘇珊即可接手，跟母親討論她飛去探視、安排幫手等計畫。

貝西依計畫而行，母親並沒顯露出抗拒的樣子，但蘇珊仍十分不安。怎麼可能不揭開舊傷口？我們建議她不必主動提起過去二十年的斷離，但她母親可能會先發制人，於是我們安排了角色演練，讓蘇珊能從容地面對母親的發難。幾次練習後，她覺得可以上場了。以下便是她與母親的對話。

蘇珊：媽，好長一段時間了，我知道。

母親：對，確實很久。你想怎樣？〔口氣不善〕

蘇珊：貝西說爸爸的情況不大好，也許我可以幫點忙。

母親：貝西受夠我了，是吧！她需要找替身了，對嗎？〔透露怕貝西離去的恐懼〕

蘇珊：貝西需要我的支援，我們兩人都想幫你。我知道爸有點失智，你的心臟也不如以往，要面對這些並不容易，我們想跟你一起撐過去。

母親：好吧，別告訴貝西，這陣子她都沒按時打電話來，我們這個家快散了。〔挑撥離間，拿罪惡感當支配武器〕

蘇珊：我剛剛才跟她通了電話。你說得對，她是沒能像往常那樣周到，因爲她太擔心你和爸爸，整個人都快累癱了。所以她需要我幫忙，我也需要她，好能一起照顧你和爸爸。這樣好不好，我下禮拜打給你？〔讓母親看到姊妹聯手一氣，並未回應母親有意挑起的愧疚感〕

母親：我會在這裡。反正我哪兒也去不了。

過了一個星期，蘇珊再次打電話給母親。

蘇珊：嗨，媽。

母親：蘇珊，我想不透，這麼多年了，你怎麼知道要打電話了？這中間我們也生過

病，你都沒打來，我早就死了這條心，忽然間……〔覺得是女兒切斷聯繫，而不是自己〕

蘇珊：這麼久以來，我們都受了很多苦，我想把一切拋開，跟你重新和好，你覺得可能嗎？〔去爭誰是誰非，沒有意義〕

母親：看看吧！

蘇珊：爸還好嗎？

母親：他讓我傷透腦筋了，什麼都要插手，又到處藏東西。我叫他別再胡鬧，他偏要惹我生氣。再這樣下去，我恐怕得把他送去養老院了。〔把老公莫名其妙的舉止，當作對自己的忤逆〕

蘇珊：我可以想像這有多讓人煩心。下個月我有休假，我飛去陪你幾天，好不好？〔此時會很想開導母親說，爸爸不是故意的，但就像上面講的，這麼做沒有太大意義〕

母親：看你自己吧！

重新回到這個家，是蘇珊這輩子最艱辛的挑戰。在整個磨人的過程中，她都堅守這個信念：我完全是個成人了，我可以選擇主導，而不是被掌控。她不再因爲母親的控制性格而逃開，她知道母親就是那樣，如今她已懂得如何回應。實際上，她還能跟母親一起做出對全家最好的安排。

蘇珊開始建議母親要放鬆。母親承認她懷念她的橋牌社，也答應一週出去兩次。蘇珊成功安排一位當地的照護管理師來家裡跟雙親會談，協調母親外出時需要的照護支援。介紹這位管理師時，蘇珊謹慎地說，她不僅能幫忙解決整個家目前與未來所需，必要時還能隨時電話聯繫。重點是讓父母可以稍微靠向外力，如此，既能有效解決距離的問題，也更能化解兩個遠在天邊的女兒的種種焦慮。

讓父母覺得自己依然有價值

蘇珊的母親用控制掩蓋一種自卑情結，就像第一章那些依賴型母親一樣。下面可以看到，自戀型人格如何拿這項工具來持續烘托自我。說故事的是吉姆，他的母親不久前住進養老院。

【案例15】

以控制別人來烘托自己的養老院女王

有天早上我接到養老院打來的電話說：「你母親來此三個月，跟她的室友史密斯太太一直處不來。現在，史密斯太太的女兒堅持要你母親搬到別間去。」不僅如此，經理還告訴我，我媽讓整個院方都很頭痛。第二天，我就趕去了解狀況。看起來，我媽和史密斯太太兩人愛恨交加，既吵個不停，卻又最挺對方，更會向院方爭取對方的權益。問題似乎出在史密斯太太有沒有完全照我媽的意思。如果她都聽我媽的，我媽就會挺她，甚至還曾為她打電話到院方董事會去。如果沒全聽她的，那就慘了。這次院方會打給我，是因為這兩人晚上為了窗戶該開多大而吵得不可開交，幾乎要演出全武行。

我早就擔心有這麼一天。我媽一直當自己是天之驕子，我爸總是把她捧在手心裡，到過世前都喊她皇后。我的妹妹們為了自保，也是凡事順著她。家裡就我敢頂撞她，所以最不討她歡心。

現在我媽要我幫她擺平這件事。她說，既然史密斯太太住得這麼難過，還去向女兒告狀，那她就搬出去。

所以，你瞧，現在她仍當自己是皇后，只不過現在是另一個國度，沒人認得她的皇室血統。而我如果不能順她的意解決這問題，就得準備再度失寵，被她打入冷宮了。

從這個案例可見，當父母住進養老院等地方，其行爲很可能會影響他們與當中住戶、員工，乃至自己家人的關係。換言之，要採取任何修補措施，都要將院方一起納入。

我們給這位兒子的建議如下。我們向他解釋，他母親當了一輩子皇后，現在不可能改變，想抗拒這個事實是自討苦吃。我們提出幾個步驟，讓他與院方一同合作，建設性地處理這個問題。

也許，他可以先做一件具體的事情：爲母親製作「你的人生」海報，以故事照片彰顯她的燦爛時期，張貼在母親房門口或院方許可的醒目位置。這樣，既可幫助眾人了解她、欣賞她，也能提升她的自尊。

另一個有效方法是，詢問院方能否讓他母親負責某項特殊任務，例如幫餐廳的每張桌子擺花，再讓她挑選用餐位置作爲回報，反正她總喜歡第一個進餐廳。雖然不可能時時滿足她，但這類點子確實可持續安撫她爭奪特殊感的控制欲。

這些都是提升他母親自尊的有效作爲，除此之外還有更多途徑，譬如他可以請院方讓母親參加照護會議，讓她感覺握有自我決定權，也就不會再動輒告到上層，或找兒子幫她對付院方。

挑剔背後的控制欲

充滿控制欲的人什麼都要管，無所謂重不重要。

> ▶▶ 別陷入父母與他人之間的權力爭奪。

某位女士抱怨她母親簡直在折磨她十二歲的女兒，只因外孫女沒依她的心意。外婆每次見到外孫女，總愛一把抓過來又親又摟，但小女孩只想敬而遠之。「她從不主動來親我」，或「她冷淡得像冰塊一樣」，外婆常這樣跟女兒抱怨。

即便子女已經長大成人，做父母的仍常想干涉他們的穿著。下面是一位母親對她四十歲女兒說的話：「你就喜歡穿這麼不搭的衣服嗎？你希望自己是這副德性嗎？如果是陌生人我才不管，我是愛你、關心你，才會這樣跟你講。」

另一位孤單住在養老院的女士，她的子女有空就會來看她或帶她出去吃飯，其他親戚則鮮少露面。五月的某個早晨，姪女南西決定前往探視。那天熱到不行，南西身著涼爽的洋裝，腳踩白色鞋子，還沒來得及開口問安，姑媽就已經教訓說，白鞋只能過了陣亡將士紀念日❶才能穿。南西這才記起，自己為什麼很少來。

你也許會說，這些母親的個性眞是挑剔。沒錯，只不過這些挑剔背後，充滿了她們硬要旁人照其規矩行事的控制欲。在我們看來微不足道的小事，爲何對她們那麼重要？可能有以下原因。

對後兩則例子的兩位女士而言，親人的穿著代表的是對她們的不敬。控制型人格自認其觀念便是眞理，所以她們堅持自己有理。女兒那樣穿搭，她不覺得是品味的象徵，而是對母親的一種抗拒。

控制型人格也可能出於別種原因。有些人缺乏自信，完全不敢違背傳統，擔心若不照常規行事，便會遭致批評。這樣的人多自覺低下，對自己的看法亦缺乏信心。唯有旁人同意他們，照他們的意思行事，他們才覺得受到認可，是「正確」的，不再感到孤單落寞。反之，若旁人自行其是，他們便感到受傷遭拒。他們從小學到的是——與眾不同很糟糕。

不用說，如果你完全遵照父母的意見，無疑就犧牲了自己的選擇和喜好，實際上也就喪失了你作爲獨立個體的特性。干涉衣著這類小事，其實茲事體大，那關乎獨立與自尊。接下來就是大哉問：你要如何既能捍衛自我，又可與父母相安無事？

譯註：
❶五月的最後一個星期一。

回應控制狂的四個妙招

對治控制狂，幽默感是一招。看看這個例子。

母親：你弄的這些薯條和這麼漂亮的盤子完全不搭。

女兒：喔，你說得對。那你覺得我該把薯條裝飾得漂亮點，還是用醜一點的盤子來裝呢？

小心別弄巧成拙。應留意對方是否覺得事態嚴重，開不得玩笑，或者會不會覺得你是在恥笑她。

另一種辦法是認眞回應，但四兩撥千斤。看看下例。

母親：你不該穿白鞋，陣亡將士紀念日又還沒過。

女兒：媽，你說得對。你怎麼會有我這種不守規矩的女兒呀？

你要是對父母的控制有所反應（像是投降或發火），就等於把控制你的權力交給了他們。在上述兩個例子中，女兒們輕輕地撥開父母的攻勢，保住自我主張。這方法在很多情況下都能發揮作用。

假如上面兩招都不適用於你的父母，直說倒也無妨，但語氣要溫和，並且再三撫慰。看看下面這個兒子如何化解局面，堅守自己的獨立性，但始終維護母親的尊嚴。

▶▶ 停止戰火。有時，直截了當是最好的辦法，但記住要溫和，耐心勸慰。

〔跟媳婦搶影響力〕

母親：親愛的，我知道你老婆喜歡你這種髮型，但我覺得這樣讓你看起來很老。

兒子：媽，我知道你希望我弄成你喜歡的樣子，我也不想讓你不開心，但我喜歡這種髮型，好嗎？

母親：〔聳聳肩，彷彿在說：我哪有資格講話？〕

兒子：媽，你的看法對我很重要，但我喜歡這個髮型，那跟我對你的感情一點關係也沒有。

另一種辦法是親子一起想出某個「提醒詞」，提醒彼此，局面快失控了。但願此話一出，彼此能會心一笑，或至少不要舊戲重演。下面這些話語，是某些子女和父母合作的成功傑作。

「你是你，我是我。」

「又開始了。我們換個話題吧！」

「我們各有各的特色。」

「人各有所好呀！」

有些父母會受不了這些話，覺得那過於凸顯了子女與他們之間的脫離；但對其他人來說，這些詞語能讓他們及時煞車，避免彼此傷害。

在努力捍衛立場時，也要體諒並尊重父母的立場，這是最最重要的。不管你怎麼做，也許仍無法讓父母接受你的不同，這時，順其自然，別讓自己也變成一個控制狂。

> ▶▶ 子女不要不小心也變成了控制狂，硬要父母聽你的。

操控是掩飾內心不安的障眼法

控制有許多形式。蘇珊的母親是強烈的控制狂，吉姆的媽媽也是。這類型母親各以自己的方式控制人。有些人的控制比較含蓄，被子女視爲操縱。試圖收買控制權，是極爲常見的一種。我們常聽客戶說，父母請他們吃飯、買貴重禮物相贈，繼而要求回報，這樣的方式讓他們感覺被操弄，令人相當氣惱。父母如此行徑，會讓子女認爲若非要他們幫忙，父母其實並沒有把他們放在心裡。

還有別種父母也會讓他人有此感受，像是案例15的養老院女王硬要室友聽她的，導致室友深覺自己受到操弄。利用愧疚感和阿諛奉承，也是相當常見的伎倆。還有一種父母總是被動地驅使別人受其指使，稱之爲被動攻擊型。在子女看來，這些全都是蓄意操縱。事實上，父母是出於不安全感，因而根本不知自己的行爲有操縱之嫌。面對指控，父母不僅不承認，還深覺受辱：「當媽媽的關心自己的孩子，不是天經地義的事嗎？」「我只是想幫忙而已。」子女再怎麼堅信父母善於操縱，一旦理解其背後自我保護的心態，可能就大有轉機。

有位客戶說，每次採購日常用品前，他都會打電話給母親，看她是否需要什麼，答案千篇一律：「我這裡什麼都沒了，你過來幫我列個清單。」有時媽媽會主動打來，細聲地說：「是我啦，媽不想麻煩你，但我的東西又用完了。」這些話表面聽來毫無殺傷力，但兒子心知肚明，母親完全有能力自己列清單，她這麼做，只是想用這種無助的模樣討他關心。這是有意操縱，令他十分氣惱。我們向他說明，母親並不自知有操縱之意，純粹是空虛和害怕，只盼從他這裡得到一些安慰而已。明白這一點之後，兒子放下心中大石，終於說服母親自己列清單。「我每週都會幫你採購，」他告訴媽媽：「當中呢，我們還可以安排商家幫你宅配。」兒子全新的態度讓母親深感慰藉，他也不再覺得自己被牽著鼻子走。

用乞憐擺佈子女

上例的兒子算是很輕鬆地解決了母親的控制欲，然而情況並非總是如此簡單，尤其碰到愛裝可憐的父母。請見下面這個例子。

【案例16】

自憐自艾的母親

「我沒事，不用幫我找什麼保母。你們好好的去享受吧，不用陪我啦。」

這是馬克的母親在感恩節前一天講的話。

馬克夫妻的好友邀他們過去共享感恩節大餐，馬克的媽媽也在受邀之列，但她其實一直盼著住在外州的女兒邀她去過節。如今這份期待落空了，讓她覺得自己不被愛而傷心不已，躲在房間裡不願出來。

夫妻倆眼看無法說服母親一道外出，便說要找保母來跟她作伴，於是有了上面那段自憐自艾。

假期一結束，無計可施的馬克就來找我們。他氣得身體都出了毛病。母親搬來跟他與瑪麗同住已經兩年。最小的孩子出去念大學，夫妻倆正開始享受空巢之樂，母親就來了，然後用她的害怕孤單牽制兩人的行動。不用說，除了兒子和媳婦，她不讓任何人陪伴。

我們都知道，假期很折磨人。引頸期盼親人的邀請，一旦期待落空，強自振作並不容易，倘若父母又格外敏感，那就更是難上加難了。馬克母親的難受，展現爲被動和退縮，這讓馬克夫妻感覺受到擺佈，氣憤難平。只是她根本不曉得自己竟掀起這場家庭風暴。在母親和自己的家庭之間，馬克覺得自己被拉扯到了極點。

成年子女應重拾對自己人生的掌控權

馬克夫妻意識到，請母親來同住，對大家都沒好處。眼前有兩個選擇：與母親清楚地約法三章，卸下彼此重擔；再不，共同面對現實，承認無法同住在一個屋簷下，幫母親在附近找養老院。無論選哪一條路，傷害都在所難免。馬克想嘗試第一條路，我們建議他這樣溝通。

「媽，感恩節前後家裡緊張的氣氛，讓我仔細思考了一番。我知道你不希望我們留你一人在家，但你既不想跟我們出去，又不要別人來家裡陪你。瑪麗和我難免有些晚上會有活動，必須留你在家，所以我想跟你約法三章，以後遇到這種情況，就讓鄰居或保母來陪你，可以嗎？」

當然，故態復萌在所難免。這時，兒子要端出之前的約定作爲提醒。而故態復萌的也可能是兒子，所以他自己要加強心理建設，或尋求諮商師的協助。

對這個兒子或任何子女來說，如果能夠理解下面這點，就會覺得釋然不少：父母透過愧疚感、被動攻擊、收買所發動的控制，乃是源自於恐懼——恐懼自己受到排斥或自覺毫無價值。他們並非刻意如此，而是下意識的生存之道，他們確實就像是被折磨的無助小孩。上述這位兒子，若能接受母親的做法純粹只是心理狀態的呈現，反應就不會如此強烈。他不需因爲自己出門享用佳節大餐、卻把母親留在家裡而自責不已，他可以告訴自己：「媽媽是身不由己，我沒辦法改變她，但我可以改變自己，不讓自己再受她控制、覺得被她操縱。我不必責怪自己讓她失望。我就依原訂計畫出門，隨時再打電話回家就好。」

簡單地說，成年子女毋需讓自己被牽著鼻子走，大可將情勢放在自己的掌控之中，過好自己的人生。

▶▶ 受到控制或在自己的掌控之中，你可以有所選擇。

▶▶ 跟父母保證你會在他們身旁，前提是在你能夠接受的情況下。

讓自己脫離受害者的角色

從我們的經驗看來，控制行爲恐怕是所有難纏行徑中，最讓成年子女頭大的一種。控制者（尤其是外表柔弱的）極爲擅長隱藏自己眞正的動機。實際上，如前面所說，他們根本不知道自己對旁人造成了何種影響。那些拐彎抹角往往令旁人憤怒不已，以致湧起如這位女兒所形容的感受：「我媽是旅遊仲介，專門安排罪惡感之旅。」

下面是一些客戶描述這類型父母帶給他們的感覺。

- 罪惡感
- 被牢牢綁住
- 「別管我，沒關係的」這種矛盾訊息，或是「我這麼做都是爲了你好」這種關愛的話，在在令人困惑不已
- 動彈不得

- 沮喪
- 不願分享私人想法
- 想作對
- 無力感

當你深受這些情緒困擾，可能就該尋求專家協助。你可以參加以照護者爲主的支持團體，或與社工師、心理醫師、精神科醫師進行一對一諮詢。諮商師將引導你探討成長過程中，你在家裡的角色，以及你與父母手足的關係；帶你看清哪些是你的地雷區，而你父母是如何踩下去的。最重要的是，諮商師能幫助你了解父母本身的問題，讓你可以客觀地看待自己與父母的互動。

在我們的經驗裡，人們深入了解自己與家人之後會發現，自己跟朋友、同事、上司也有類似的行爲模式。換言之，你從諮商獲得的內省，可以帶到親子領域以外，而從中學會的技巧也能應用到工作場域。

父母住的遠或近，並沒有什麼差別。有控制欲的父母，住得再遠照樣能控制子女，帶給遠方子女的壓力絲毫不遜於住在附近的子女。不過我們發現，當父母住得很遠，僱請當地的照護管理師，對親子雙方都頗有裨益。這位照護者能分擔不少父母派你做的事，對父母來說，就近有人照顧，也讓他們安心不少。

這一點太重要了，我們不得不再三強調：父母的掌控和操縱再怎麼讓你痛苦，其實他們都比你更難受。這類行為是出於嚴重的不安全感與自尊不足，他們終生都在此陰影中掙扎。他們期盼獲得關注，卻又不認為自己有資格，於是下意識便以控制手法強迫取分，並且自憐自艾。作為子女的你，以及存在其軌道中的其他人，是他們的救星，使得他們緊緊攀附，不能鬆手。

不用繼續當受害者。你可以掌握自己的反應，改變與父母之間的互動。現在開始，絕對來得及。

若父母有自省能力，不妨試著跟他們講理

除了改變自己的反應模式，還能做更多嗎？能不能期待父母縮手？答案是有可能，只不過侷限於特殊狀況。

舉例來說，如果你的父母很愛指揮人，但與前面提過的控制狂有別，也就是他們有時肯稍作退讓，聽聽道理。假如過去曾有此例，那你就先跟他們講理。這麼做，反正你沒有損失，不是嗎？如果行不通，沒關係，下回再試。

> ▶▶ 你可以試著跟控制型父母講道理，如果這麼做曾經有效。

面對什麼都要干涉的父母，成年子女要能不卑不亢，著實不易。請看一位女兒在父親插手她管教小孩時，如何回應。

女兒：爸，當你叫我在蘇西不乖時打她屁股，你比她還讓我生氣。我希望你別教我該怎麼做。我很知道要怎麼教小孩。如果我需要你的意見，我會主動請教

你。

父親：我不是教你怎麼做，那只是個建議。

女兒：可是聽起來不是這樣。

當時的對話便就此打住。但這位父親回去思量了幾天後，主動打電話給女兒。

父親：親愛的，我想我確實多嘴了。你知道，我覺得你是很棒的媽媽，我只是想把自己的經驗告訴你。你也曉得，我一向不太會講話，你媽老說我太自以爲是，我也因此吃了很多虧。

女兒：爸，我知道。

父親：現在起，你不問，我就不說。但我很希望你能問，因爲有時候我覺得我有你需要的答案，我很想讓你曉得。我會努力不干涉的。

女兒：爸，這樣太好了。搞不好我眞的會向你請教。不過，說到給人意見，這方面你還眞不在行啊！

父親：〔大笑〕

瞧這個女兒，她能同時對父親既坦率又尊重。她沒有針對父親所言做回應，例如：「爸，你在干涉我的事。拜託別管我。」她把焦點放在自己的反應：「你比她還讓我生氣。」這是一招很有效的溝通技巧：「我」怎樣，而非「你」怎樣。如此，她讓爸爸了解，她對他的企圖控制有何感受。

▶▶ 當父母是老年後才出現控制行為，講理可能有用。這種支配行為有機會可以翻轉。

這個技巧用在對的人身上，確實非常有效。但首先，你必須確定你的控制型父母有自省能力，可接受批評，否則千萬別用。

有機會讓講理派上用場的另一個情況是，父母是在老年後，因某種變故才出現控制行爲。這就像我們之前講過的。而且，不僅講理也許可行，甚至有機會翻轉這種控制行爲。下面就是一例，其中，步入老年的先生面對失智惡化的老伴，企圖加以控制。

老先生的兒子跟我們描述父母的情形。當他母親的失智症狀嚴重到不能自己單獨在家時，他父親，一位七十多歲、備受敬重的聯邦法官，決定辦理退休，回家親自照顧老伴。醫生充分解釋了這種病的本質，以及記憶流失會衍生的各種行爲問題。但當妻子不斷重複同樣的問句，把書報、甚至他的助聽器藏起來，並且無法自己著裝脫衣時，老先生一直嘗試跟她講理。老伴沒有回應，他不肯放棄；她沒照做，他便對她大吼。面對老爸逐日失去耐性，終於讓兒子憂慮到不行。

我們告訴這個兒子，首先我們得親自走訪，以便了解他父母間的確實互動。他同意此做法，於是當晚便去找他父親。「爸，」他說，「我看得出媽的情況不斷惡化，你承受了很大的壓力。我已經聯繫了一位老年方面的諮商師，請她來看看媽，以便給我們一些建議。她明天下午兩點會到。」依照我們的建議，他講這些話的口氣十分平常，以免父親有所疑慮，不願外人插手家中隱私。

了解狀況後，諮商師建議這位父親，日照中心對他的老伴很有幫助，並提供附近幾家優質機構給他參考。雖然妻子有他細心照顧，但一週若能去日照中心幾天，可讓她獲得許多刺激。諮商師也建議，這些中心都有互助團體，老先生不妨試試，或可從其他類似處境的夥伴身上得到實用建議。諮商師刻意不提一點：卸下百分之百的照護責任，老先生也能輕鬆許多。因為這樣一講，或許反會讓他自責沒做好照顧妻子的工作，因而更堅持現況，加強控制。

為何過去從未有此性格的人，會在此時變得充滿控制欲？可能的原因有幾種，其一：他對人生如此失控、自己卻無力扭轉，可能深感沮喪。儘管他不願意承認，內心深處卻可能厭恨退休時光居然變成這樣。我們也不能忘記，這是一位終生寫滿成功經歷的律師及法官，他事事得心應手，怎麼可能照顧不好老伴？也許無法讓妻子好轉是他無法面對的事實，他只好強迫她聽從自己。

儘管這位法官緊握操縱的轠繩，但若是用對方法，便可以說服他接受比目前更好的嘗試。如果你也面臨類似情形，可以鬆口氣了：只要妥善進行，絕對能說服父母鬆開轠繩的。

6

自毀型父母：
「我愛吃多少就吃多少。」

自毀型父母的**行為特徵**

當你的父母：

- 曾有酒精、毒品或藥物成癮等問題
- 曾有飲食失調問題，例如飲食無度或拒絕進食
- 曾有某些強迫性舉止，像是賭博、拉扯頭髮、不停清洗等
- 不斷發生意外
- 自討苦吃，例如不遵守飲食限制或不肯服藥
- 曾有自殺傾向，或威脅有此打算

父母的過度依賴、時時潑人冷水、自我中心等，再怎麼令成年子女頭疼，也不比上述自毀型行爲教人擔心，尤其當他們有自殺傾向，那絕對是最難處理的。我們觀察到，起於年少時期的自毀行爲，往往會終生相隨，而自殺一念在老年時更值得關切。

什麼情況會導致一個自毀的人走上自殺一途？簡單地說，就是憂鬱。造成憂鬱的原因有很多，前面幾章談過，許多人會以各種麻煩行爲來掩蓋憂鬱，現在則要再加上自毀，像是酗酒、嗑藥。但這些防禦機制不盡有用，有時憂鬱依然會破繭而出。若次數頻繁到令人不堪承受，此人可能就會想結束自己的生命。

下面是我們見過很典型的自毀型老者。

▶▶ 酗酒這類行為可能是憂鬱的面具。

【案例17】

縱情吃喝和菸酒的安娜貝爾

三個月前，安娜貝爾住進城裡一間不錯的養老院。她完全無意適應這個新環境：拒絕任何社交；堅持在房間裡用餐，從未踏進過那美麗的餐廳；院方安排的所有活動，全都拒絕參加。她從早到晚只守著電視，菸不離手，大啖垃圾食物。

安娜貝爾的女兒瓊安驚覺不對勁，前來求助。她所描述的母親人生，正是一則終生自毀的情節。

安娜貝爾的父親酗酒，並且虐待妻兒。她的首任丈夫，即瓊安的爸爸，同樣也會酗酒，一喝醉就對她拳打腳踢，緊接著便消失好幾個月。安娜貝爾忍無可忍離了婚，在母親的幫忙下出去工作，養活自己和女兒。就在這最痛苦的階段，她開始借酒消愁。

幾年後她嫁給傑克。傑克也有酒癮，兩人決心戒酒，攜手參加戒酒無名會，成功展開新的人生，熱切期盼美好的退休生涯。不意傑克忽然死於心臟病，安娜貝爾便搬去女兒那裡。

但她無力適應新生活。傑克曾是她全部的依靠，如今她整個人倒向瓊安。她切斷一切社交，只跟女兒出入。她也再度出現癮頭，但不是酒精，而換成了香菸和零食。幾乎是一眨眼時間，瓊安發現母親從S號身材暴肥到一百一十四公斤。瓊安想盡一切辦法幫助母親擺脫現狀。她想心理醫師應該能開些有用的藥物，但母親一口回絕：「我愛吃多少就吃多少，我也絕不去看心理醫生。他又不能讓我老公復活。」於是，瓊安安排媽媽住進養老院，希望能誘使她打開社交圈，開始運動，不再只是狂抽菸、狂吃零食。等瓊安驚覺問題已非換個環境所能解決，便立刻尋求專業協助。

透過寫信，幫助父母重新振作的技巧

安娜貝爾曾長期受虐，在成年初期出現自毀行爲。我們向瓊安指出一點：她母親曾有足夠的毅力戒除酒癮，因此一定有機會再次揮別香菸和零食。對這位母親而言，香菸和零食是她壓抑喪偶之痛的辦法，正如早年她曾借酒度日，那是她面對殘酷世界的生存之道。

來此之前，瓊安嘗試了許多方法。她試著規勸母親，幾乎說破了嘴；試過養老院；跟妹妹一起當面警告媽媽不能再這樣傷害自己，結果她對姊妹倆大發脾氣；兩姊妹再提說要出錢送她去做心理治療，又是火上加油。「我還能做什麼？」瓊安問。

我們提出一個有時效果還不錯的方法：寫信。信能讓你的論點慢慢滲入對方的內心，不致如當面對話，可能會引起瞬間的不快。這個案例更值得一試，因爲瓊安記得，過去某些時期，母女倆也經常信件往返。如果她和妹妹都寫，那麼媽媽就有兩個重要訊息值得靜靜反芻。

兩姊妹於是苦思如何下筆，又一起來找我們，以確定語氣不會造成反彈。每句話都要出自眞心，這是最重要的。下面是瓊安信裡最爲關鍵之處。

第一段告訴安娜貝爾，她對女兒的意義。瓊安用「情感」字句，細細描述母親曾爲她所做過的點點滴滴。

「媽，我想告訴你一些我從沒說過的話。我記得小時候，當我需要時，你總是在我身邊，就算爸離開後也沒有改變。記得那次我開盲腸手術嗎？在我十二歲那年。當時你毫不猶豫，馬上請假兩週照顧我。我記得你燉了一大鍋雞湯，每次我醒來就聞到那股香味。媽，在你身邊，我覺得好溫暖、好安全。高中那一天的情景，歷歷在目：我上完一堂西班牙文出來，約翰在走廊上跟我提分手。一進家門，看到我那副失魂落魄的模樣，你立刻跟你朋友掛了電話，跑來坐在我旁邊。我們談了兩個鐘頭。你甚至把你中學時期幾次分手的經歷都跟我分享。你讓我覺得你好愛好愛我，我永遠都不會忘記那一幕。」

中間部分，瓊安談及母親目前的狀態對自己的影響。

「上個星期去院裡跟你一起慶祝耶誕節，發現你仍躺在床上，我好震驚。接著，我看到你朋友寄來的禮物散落整個床上，而你吃掉了很多糖果。這讓我十分難過。幾年前你和傑克參加戒酒無名會時，我多麼以你爲傲，你是那麼堅強地把酒戒掉。」

第三段描述她期待未來與母親的關係。爲求有效，瓊安具體地陳述她對母親的盼望。

「我希望再次以你爲傲，我想再次擁有我堅強的母親。我需要你的指點，讓我知道怎麼對付那麻煩的三歲泰勒；我希望重新開始我們每週六的午餐約會，讓我分享泰勒的一切以及其他事物，讓我向你吹噓我在工作上的表現，讓你再次以我爲榮。媽，我盼望我們都能再度以對方爲榮，我盼望你回到我的人生當中。」

最後，瓊安懇求母親尋求專業支持。

「媽，我知道傑克的離去，讓你非常難過，但我也知道，你有足夠的韌性堅強地度過，只要你下定決心。我希望我夠重要，讓你決定爲我和你的孫子重新振作起來。我知道這很難，事實上，那難到你無法單靠自己。所以，我找到一位可靠的諮商師，幫助你突破障礙。這是她的姓名與電話號碼，我希望你願意跟她會面。如果你願意開始，要不要我陪你去第一次？」

瓊安的妹妹也依相同原則跟進一封信，末了同樣請求母親聯繫那位諮商師，並再度附上其姓名及聯絡電話。

寫信可能效果斐然。安娜貝爾就深受感動，接受專業協助。這招解救了她，也幫助許多人脫困。但有些情況則需要專家更進一步正式介入，而且事前不讓父母知道。

尋求專家的介入

理查爲了酗酒的母親而來。他的開場白是，他不記得自幼以來，有什麼時候媽媽沒喝酒。每天一早上班前，她就先喝上兩杯波本威士忌。他從不帶同學回家玩，只怕媽媽提前下班，已在沙發上爛醉如泥。有趣的是，理查一直以爲自己的家庭很正常，就像許多酗酒者的孩子一樣。他父親的反應也很常見，對這問題從未正視。每當理查表示媽媽的飲酒狀況令人擔心，爸爸總說兒子小題大作。

母親已經七十八歲。兩週前，她醉後暴怒，不斷狂飆：「沒有一個人關心我。你們都只想著我的存摺。」她排便時弄髒了自己，丈夫無怨無悔地把她清洗乾淨送上床。「她這一生不該這樣終了，」理查說，「我們一定有什麼能爲她做的。」

理查的母親並非唯一有狀況的。實際上，這是整個家庭的問題。媽媽酗酒，孩子都受到困擾了，爸爸仍視而不見。眼前不同的是，年邁的母親再也無法承受往昔所能承擔的酒量，連丈夫都開始害怕她將因此斷送生命。一定要採取行動才行。

此時需要正式的介入干預。這是由戒癮專家所帶領的技巧，可按部就班地幫助那些已陷入醫護危機、卻不肯接受幫忙的人。理查的母親即爲一例。過去，很多父母或因跌倒、或因燒傷自己、或因過度服藥，以致生活無法自理，卻仍拒絕作任何改變。針對此一棘手的問題，便靠此種技巧順利獲得解決。

首先，介入者與理查母親生命中的重要親人會面，包括理查、他的手足及配偶、理查的父親。有人擔憂——特別是理查的父親——這個干預會讓事情變得更糟。介入者解釋，如果不打破丈夫在整個婚姻中對太太所謂的「保護模式」，後果將不堪設想。得到共識後，介入者將所有人連成一氣，共擬最佳方案。

整個介入過程涵蓋多次這樣的聚會。介入聚焦於這位母親的生命故事，讓大家對她產生理解與同情。家人逐漸明白，她年幼時曾被嚴重虐待，且可能受到哥哥性侵害（雖然她從未承認此事），以致始終未能建立正面的自我形象——除了在職場上是一名法界祕書之外。童年傷痛在她心底烙下了深刻的抑鬱，使她企圖藉由酒精來化解。

介入者要每個人寫一段話給這位母親，就像之前瓊安寫給安娜貝爾的一樣，分為三部分：開頭，先強調她對書寫者的意義；中間，她目前的行為對書寫者產生何種影響；結尾，

▸▸ 當父母的狀況危急，卻仍不願採取行動以改善自身的健康和安全，且子女若已試盡一切方法都沒用，不妨考慮尋求正式的介入。

書寫者盼望能跟她擁有的關係。

到了介入當天，每個人都做好充分準備。你可以想見，當這名母親被這些衷心想幫助她的親愛家人圍繞，那衝擊是何等強烈。等所有人念完內心話的那一刻，介入者要求這位母親入院接受戒酒治療。她答應了。但萬一她依舊不肯呢？

介入者深知那不無可能，也做好了準備：與會者都要寫好另一套台詞，清楚聲明，如果母親依然故我，拒絕治療，那麼他／她將採取什麼行動。可能如以下所示：

「我非常愛你，但也逐漸意識到，也許我的一些做法讓你更難戒除酒癮。我愛你，所以我不能繼續這樣下去。如果你不接受幫助，而我發現你仍繼續喝酒，那麼我就再也不跟你說話，不見面，也不通電話。」

能否成功，介入者的挑選至爲關鍵。此人最好是有介入經驗的合格諮商師，更重要的是要能讓你覺得安心可靠，因爲你要把這麼重要的家庭危機託付給他。介入者可能來自不同背景：社會工作、酒精藥物諮詢、臨床心理等。

足以摧毀老年人生命的慢性自殺

前述故事中，主角們都深受憂鬱糾纏，試圖以各種自毀行徑作爲克服之道。當年紀漸增，老方法不再有效時，他們便可能傾向自殺，如同下面這則案例的情節。

【案例18】

被憂鬱吞噬了老年生命的莎美

莎美八歲喪父，母親外出工作養家，她得負責照顧兩個弟弟。這段經歷留給莎美的，除了恐懼和無助，就是對母親與弟弟的厭恨。莎美相當聰慧，長大後成為一位精明能幹的商場強人。她很年輕便踏入婚姻，對方學歷不高，莎美始終把他踩在腳下，冷嘲熱諷，但先生絲毫不以為意，總是處心積慮地討她歡心。儘管莎美時時不忘強調彼此智力的落差，兩人的婚姻卻仍算穩定。

等來到八十出頭，先生出現失智現象，孩子建議兩人住進安養中心較為妥當。先生在那兒怡然自得，但已退化到不能再帶她逛街，不能買禮物給她，不能當她的專屬司機，也不能帶她上高級餐廳。所有這些「不能」，再加上他愈來愈像個孩子般的依賴，終於讓以往的微妙平衡崩毀。莎美對先生的嫌棄與日俱增，先生卻無法再用呵護與寵愛來彌補。兒子留意到母親的轉變，帶她看了精神科醫師，也拿了抗憂鬱藥物，但莎美拒絕服藥，不時嚷嚷著不想活：「把這個沒用的傢伙帶走，不然就帶我走。」

事態嚴重到她被安置進精神科醫院。在控制得宜的環境中，先是藥物治療，接著進展到她願意接受心理治療，然後順利出院。她當然否認是醫院幫了她，但如今她確實恢復笑容，能吃能睡，也更能包容先生。

但那卻只是曇花一現。八個月後，面對先生失智日趨惡化，她拒絕服藥，開始斷食。憂鬱終於贏得慢性自殺的果實。

這則故事呈現出自毀的最糟結果。莎美強撐一生，精心維繫一種介於滿意工作與痛苦家庭間的脆弱平衡；她嫌棄自己的先生，又以自己對他的依賴作爲平衡。如今她老得無法工作，失智症則讓先生無法繼續往昔爲她所做的奉獻。年老的莎美，深感孤單和棄絕。

莎美與先生所面臨的情況，在憂鬱者身上屢見不鮮。一旦脆弱的平衡崩解，他們完全不知如何面對再一次被拋棄的困境。自毀大獲全勝，如同它對莎美所做的一般。

善用醫療資源，陪伴父母擊退憂鬱心魔

「憂鬱」似已成爲我們的常用詞彙。在本書中，我們關注莎美這一類人，早年遭遺棄的

傷痛淩遲他們一生，使其飽嘗憂鬱之苦。成年子女固然看到父母憂鬱的徵候，卻不必然能夠了解背後的成因。子女唯一能確定的是，父母不僅自己痛苦，也讓身旁所有人跟著受苦。

當憂鬱嚴重到占據整個心神，即成爲所謂的憂鬱症。任何人在任何年紀都可能發生，不管過去如何。患者深陷於無望和悲傷之中，有時可能極度焦慮或退縮。他們可能喪失判斷能力，無法清晰地思考或說理，飲食作息可能明顯改變，也許會失去方向感，忘東忘西。

憂鬱症常伴隨偏執出現——堅持某個信念，儘管事實不然。例如，患者可能一口咬定看護背著她爲非作歹：「我的鑽戒不見了，一定是被安妮拿走的。」有時候，子女也成了嫌疑犯。我們有位客戶就是這樣，他向來幫母親處理財務，不料母親忽然對他失去信任，開始要求檢視所有戶頭，最終指控兒子做了手腳。這類情形屢見不鮮。而最常成爲他們懷疑目標的，就是最受他們倚賴的人，如看護或子女。

若母親指控你，先試著舉出眞相，說之以理。當指控不斷，講理無效，就是請專家幫忙的時候了。老人家若有感官退化，如視力、聽力，極容易會出現偏執，藉此彌補感官弱化的缺口。他們也容易與周遭現實產生距離。一碰到任何差錯，立刻責怪旁人，以掩飾自己失去的掌控力。

多數時候，偏執有其現實基礎，例如一個住在危險社區中的獨居老人，對鄰居充滿戒心，若他開始想像眾人在設計把他趕走，他就是出現了妄想。

父母因憂鬱症而展現的症狀，可能會導致子女和親人誤判緣由。這裡就有一例，兒子阿諾誤將父親的憂鬱當作失智。當這名兒子前來求助，他如此描述父親。

【案例19】

因憂鬱而失去生存意志的父親

我爸去年心臟病發作，之後我們認為他恢復得很好，以為他會重拾往日生活模式——他一直愛打高爾夫球，社交活動也多。然而這場病後，他似乎變了一個人，不再一早起來先跑去揮桿，而是賴床賴到十一點。球友們努力邀他，卻始終沒有成功。不用說，我們兄弟都不樂見現況。

更讓我們擔心的是他的健忘程度。現在比發病前糟很多：忘記吃藥，開車時搞不清楚方向。最嚴重的是，他似乎失去了生存意志，我們頭一回聽他說他想死。這完全不是我認識的父親。我想，他一定是得了失智症。

與前面的例子不同，這位老先生從未出現過自毀傾向，不曾過度飲酒或耽溺於任何事情。他的問題和狀況都在老年時才出現。兒子深信這是失智症所造成，且勢必會愈來愈嚴重。他來找我們，是想知道如何解決父親日常照護問題。

聽完他的敘述後，我們告訴他，他可能太快做出錯誤的結論了。我們建議他先帶父親去做詳細的醫療及心理檢查。醫生的診斷是，他父親是憂鬱症，可能是由心臟病所引起。在開始服用抗憂鬱藥並配合心理治療後，老人家的狀況變得煥然一新，再度熱切地擁抱生活。這位父親因憂鬱症而出現的症狀，與阿茲海默症或其他失智症的症狀雷同，這種情形很常見。由於憂鬱症很容易治療，相關狀況也不易再復發，這則故事得以完滿落幕。

但結局也可能並不如此圓滿。或許兒子當初的判斷沒錯。上述這些症狀——茫然、絕望、孤僻，有可能肇因於各種疾患，像是中風、阿茲海默症、糖尿病、腦瘤、帕金森氏症、狼瘡、腦水腫、甲狀腺功能低下、心臟衰竭，也可能是因酒精或藥物所致。我們並不打算列出所有可能，而是想強調：確實有不少症狀可指向憂鬱症，而憂鬱症也可能是出於許多原因。因此，請不要自作聰明。唯有醫師知道如何鑑別診斷，從各種可能性中排除錯誤，找出答案。

令人振奮的是，無論父母的身體是否有疾患，憂鬱症痊癒的機會是很大的。如你所見，父母出現的症狀，可能反映出相當複雜的問題，必須靠醫師診斷。有些情況難以斷定，醫師也許會先開抗憂鬱藥物，看能否趨走憂鬱和茫然。

- 阿茲海默症與憂鬱症的某些症狀很相似，所以務必請專家診斷。
- 憂鬱症也許是某種身體疾患所引起，需請父母的醫生進行鑑別診斷。

你可以做的是，提供詳細的背景資訊，協助醫師做出正確判斷。有效的方法之一，就是清楚記載症狀出現的年表。上例中的兒子，即可用下頁所示的短箋，描述父親的各種徵候。

憂鬱雖不必然會伴隨自毀或其他難纏行爲，但這類行爲者確實常有憂鬱的狀況，因時好時壞，子女可能已習以爲常。但若發現父母一段時間走不出低潮，就得提高警覺，採取行動，帶父母去就醫。如果他們不肯，可問問醫師是否願意出診到父母家。平時不願這麼做的醫師，在遇到危急情況時，通常都會應允。醫生會推薦一位精神科醫師（最好是專精老年醫學者）。如果父母不願意配合，醫生或許會在與精神科醫師商量後，直接開立抗憂鬱處方。面臨非常狀況之際，也許你需要致電父母居住地的派出所或社會局。

最後，醫師也許會建議讓父母住進精神科醫院，或是特別爲老年人設有戒癮方案的一般醫院——如果你父母有藥物濫用的問題。別依從父母不肯去「杜鵑窩」的恐懼。一般而言，這類機構的人員擁有高度專業，能提供適當的心理照護。住院治療能讓父母脫離日常緊張的環境，住在安全有保護的所在。不管是否需要服藥，那可能是唯一能幫助他們穩定下來的地方。

備忘錄

致：　瓊斯醫師

來自：阿諾・泰勒

主旨：理查・泰勒症狀年表

心臟病發作後症狀紀事年表：

1996年	6月12日	心臟病發作住院治療
	6月19日	出院
	9月 1 日	明顯康復
	10–11月	不想重拾揮捍習慣或參加老人聚會；開始睡到11、12點
	11月	87歲的哥哥過世
	12月	我首次注意到父親搞不清自己的服藥狀況
1997年	2 月	發現父親開車購物時出現茫然和困惑的狀態
	2 月	父親首度提及不想活了

心臟病發以前：

父親一輩子熱愛朋友，未曾有過憂鬱症病史，身體狀況健康良好，體力充沛，積極運動，自己對此一直深以為傲。十年前母親離世後，父親加入老人中心，結交很多朋友。

從未出現過茫然或沮喪的徵象。

住院時間不長，通常在一至四週之間，由精神科醫師領銜的專業團隊負責照護。你當然要見見主治醫師，且最好他有治療老年人的經驗。與院裡的社工師保持密切聯繫，此人將負責擬定出院計畫。有你的參與，更可確保父母出院後獲得適當的服務與支援，不再故態復萌。

精神科日間照護中心是出院後的一個選擇。這類中心通常隸屬於醫院的精神醫學部，由專家群提供有步驟的門診治療。一般而言，這樣的過渡爲期不長，卻是相當有效的途徑。

▶▶ 若父母有自毀傾向，或出院後需要確保狀況穩定，可考慮去精神科日間照護中心。

別獨自承擔，你也需要別人的幫忙

如果父母有自毀傾向，有了專家的協助會讓你好過許多。你可以跟有經驗的老年照護社工師之類的專家，針對問題晤談一次或多次，也可選擇短期或長期心理治療。

透過專家的協助，在面對父母的問題時，你將更能夠釋然。專家會讓你了解父母自毀性格的緣由，並讓你明白本章前面及本書開頭評量表所列的種種行爲，其實是父母壓抑憂鬱的手段。

本章意在說明，你有許多方法可幫助父母不受自毀傾向所傷，但有時你仍得透過專家才能相信：父母的憂鬱並無神奇魔杖能一揮即去。僅是有了這層理解，便可化解你肩頭上的無限重擔。

7

恐懼型父母：「我媽總怕我生病，只要我流一點點鼻水就幫我請假。」

恐懼型父母的**行為特徵**

當你的父母：

- 杞人憂天，一直擔心個不停
- 容易恐慌
- 有許多莫名的恐懼，例如害怕人群、細菌等
- 有睡眠障礙
- 行為充滿儀式性，也很迷信
- 有不切實際的期望，如不斷換醫生，認為總有一天能碰到神醫
- 拒絕面對現實，如疾病徵兆
- 一天到晚身體不適，而這也許是真的、也許是想像

恐懼是人性最基本的反應之一。我們每個人都曾有過上述的某些行爲。哪個人不曾輾轉

難眠？誰不曾擔憂自己是否出現媒體所描述的癌症徵候？大多數人都能妥善處理恐懼，並在親友和家人的關愛下，昂然承擔壓力。然而，有些人一生卻飽受極度焦慮所苦，連帶也折磨了周遭親人。可以理解的是，這樣憂懼終生的人，步入老年後，情況只有更加嚴重。這一章就要來解讀老年恐懼的原因，並爲成年子女提供脫困建議。

我們都知道，晚年充滿了數不清的危機：意外、疾患、犯罪。日漸衰退的視力與聽力、不愼滑倒，會對獨立生活造成何等破壞，老人家思之不免心驚。人們愈來愈長壽，支持網絡也隨著手足和朋友的過世而出現破洞，甚至子女也先他而去。有人很怕面對生活上的任何改變，更害怕必須搬去養老院，因爲那對他們而言意味著獨立終結。

失智更使人憂懼無比。許多人存有一種迷思，以爲失智是不可避免的。但那並非事實。多數人的記憶確實會逐步衰退，那是屆齡所引起的正常現象，不致影響生活功能，與阿茲海默症等腦部病變所造成的失智截然不同。然而當出現記憶力減退的徵兆，還是常令人擔心是否罹患阿茲海默症。

阿茲海默症只是疾患恐懼的對象之一。我們都知道有這樣的老人家，一輩子健健康康，只在例行性檢查時去了一趟醫院，卻忽然發現心臟病、高血壓、乳癌、攝護腺癌？這下便不得不常去看醫生，大幅調整飲食，改變生活作息。任何病人，尤其是年長者，都難免擔憂病情惡化，以致折磨加深。還有的人明明沒病卻總是害怕自己有病，極端者即稱爲疑病症（hypochondria），一心留意自己身體功能的細微變化，擔心是否得了某種疾病。疑病症是老人家最普遍的精神問題，尤其有問題人格者，常出現本書所談的難應付行爲。接著就來看一位疑懼不安的老婦人，以及她不知如何是好的兒子。

家有終日惶惶不安的母親

「我爸和我媽住在三百二十公里外，他們處得並不好。我媽很難伺候，搞得我爸疲於應付。我很擔心他們，卻不知道該怎麼辦。」

我們太常從成人子女口中聽到這些話了。處理年邁父母問題的無力感，往往讓子女幾近絕望。照顧遠方父母本來就不容易，若他們又總是杞人憂天，那就更棘手了。

這位兒子名叫艾瑞克，幾乎每小時都跟父母通電話，並且每個週末親自開車去探望他們。就他記憶所及，母親瑪麗安一直不好相處，尤其是她超愛擔憂。如今隨著歲數更大，情況嚴重到他父親已無法應付的程度。他們需要幫忙，而那絕非他在外地所能處理的。

艾瑞克敘述了他母親的人生。

【案例20】

成天疑心自己生病的瑪麗安

你能想像有人被幼稚園踢出來嗎？我就是。因為那年教室空間不夠，我又缺課太多，老師相信其他小孩能更善用珍貴資源。我那麼常缺課，不是因為我比較容易生病，而是我媽總怕我生病，只要我流一點點鼻水就幫我請假。明明沒有要下雨或下雪的跡象，我卻可能穿著厚重的羊毛外套和套鞋去學校，以致常成為大家嘲笑的對象。

長大一點後我發現，她真正擔心的是她自己生病，而不光是我。三天兩頭，她為了各種想像出來的毛病跑診所。我也發現，生病不是她唯一擔心的事，她總是設法避開人潮多的地方。

我媽現年七十八歲，她把我爸綁得很緊，不許他出門太久，因為她害怕自己一個人。除了看醫生，她根本不敢踏出家門。有段時間她的胃不好，醫生說是乳糖不耐症，於是開藥給她，但她不肯吃。她又怕這會變成結腸癌，一天到晚嚷著要做結腸鏡檢查。

在忙著預防結腸癌的同時，她也深信自己有腦瘤，還認為心臟有毛病。她不斷換心臟科醫生，只因找不到誰跟她所見略同。這簡直就像她的一項嗜好。

如果這聽起來很不尋常，那麼再聽聽這個吧。她覺得自己中風了。為什麼呢？因為她覺得自己的臉部不對稱：一邊眉毛較高，只半張臉有皺紋，一邊臉頰凹陷。「我看上去就像畢卡索。」她跟所有人這樣抱怨。

如果不是她快把我爸逼瘋了，我可以對這一切一笑置之。她一天到晚挑我爸的毛病。我爸大概十五年前退休，一手攬下全部的採買和烹飪之責。隨著年紀愈來愈大，他開始吃不消；即便在他的情況不錯時，這麼多家事也已超過他所能負荷的範圍。偏偏我媽又不斷責備他不夠關心她，不給他自由。這個家已經快把我爸給壓垮了。

我想找到辦法，既能幫我爸走下去，又不加重我自己的負擔。

放下對抗，了解父母的恐懼所爲何來

艾瑞克愈說愈沮喪。他似乎覺得只要找到人照顧父母家，問題就解決了。沒錯，家事助手是讓這個家保持平衡的基礎。我們告訴他，我們能幫忙在他父母的居住地請一位社工師。

我們會向社工師簡述整個狀況，然後她會前往拜訪艾瑞克的父母，並負責僱請家事助手。作爲艾瑞克的代理人，她的角色主要有兩方面：照顧艾瑞克父母的需求，以及卸下他父親日常的重擔。

但這並不能解決艾瑞克所有的問題。不管這個方法有多少實質上的支援，艾瑞克更需要做的是讓心安靜下來，而這需要他能理解他的母親。畢竟，他始終背負著這份情感包袱。由於痛恨母親的過度保護，他一夠大就立刻離家。過了這許多年，如今父母都需要他，而再度接近他們卻也不免掀開了潛藏許久的憤怒和排斥，讓眼前的棘手困局雪上加霜。與父母的遠距離，在這些年提供了無比的喘息空間，此刻卻平添壓力。毫無疑問地，艾瑞克自己很需要情感支援，一如他父母需要實質的外務支援。

要卸下長久以來對母親的壓抑，艾瑞克必須先理解讓母親如此提心吊膽的原因何在，同時明白：他再怎麼受不了，母親一定比他更難受。其實，像瑪麗安這樣成天害怕的人，不難想像他們情緒上所承受的折磨有多深，以致時時恐懼自己罹患重病。一堆醫生說她沒有中風，有什麼用？每當她攬鏡自照，種種證據就在眼前。任憑先生、兒子、醫生說破嘴，都無法動搖她的信念。

就艾瑞克所記得的，瑪麗安一直都是如此，甚至在他有記憶以前就是這樣。他記得家人講過，外婆說瑪麗安生下來就是個「緊張兮兮」的嬰兒，稍大一點仍對每件小事擔憂不已。家人給她取了個綽號叫「緊張瑪麗安」，因為每次外婆出門買東西，她就開始胃痛。她五歲時，外婆被送進肺結核療養院一年，十年後再度進去，並把弟弟妹妹留給十五歲的瑪麗安照顧。外公是乾貨推銷員，從早到晚在外工作以賺錢養家。很有可能，她在青少年階段與成年後都曾再度經歷五歲時的恐懼，深深感受到自己被母親丟在那裡。而在此之前，我們也只能猜想，每當她孱弱的母親再度懷孕，幾乎無法照顧其他小孩，那對瑪麗安形成了何等的創痛。

▶▶ 深入父母的成長過程，設法了解其恐懼人格的形成背景。

這麼一來就不難看出，從嬰兒期便活在恐懼裡的瑪麗安，如何在缺乏關愛中長成時時擔心受怕的小女生。當她害怕自己也可能因得到肺結核而被送走時，誰能苛責她呢？恐懼如影隨形地伴她長大，她感受到世界充滿了危險因子，生存不易。而她本能的生存之道，便是這樣極端的行爲。對於這些背景故事，艾瑞克固然都有所聞，卻從未拼湊起來解釋母親對他的過度保護，進而有過任何的同情。

艾瑞克不再徒勞無功地跟母親說理，轉而開始試著體會母親內心的苦，進而找到一股力量來幫助她。首先，他可以平心靜氣地引導她接受照護管理人這件事。當然，艾瑞克認爲專家能帶來幫助，卻不代表瑪麗安也能認同。差別在於，當艾瑞克以同理心慢慢解釋，她就比較能同意兒子住那麼遠，有專人隨時來照顧他們兩老是件好事。照護管理人能幫忙請一位管家，負責她老公已做不來的各種家事。但這角色並不是誰都可以勝任的，依照瑪麗安這種性格，需要充滿愛心的陪伴，才有辦法稍解她帶給先生和兒子的重擔。照護管理人只要找到性情對的管家，這一家子就可以好好鬆口氣了。

- ▶▶ 一旦理解父母之所以恐懼的原因，你將放下對抗。
- ▶▶ 別自己診斷父母的狀況，把這項專業回歸給醫生去做。

精神科醫師的評估和治療

就算你能以理解取代憤怒和沮喪，像瑪麗安這樣的病患仍一直堅信自己有病。別如艾瑞克之前那樣，自己判斷哪些爲眞、哪些是出於想像。瑪麗安的病況不該由他定奪。爲了彼此好，他應該抽身，別自己充當診斷醫師。沒錯，瑪麗安曾不斷爲某個症狀找許多醫生，但她從沒做過精神科方面的詳細檢查，而那或許可以有效治療問題的根源：恐懼。徵得母親同意後，艾瑞克可以帶她去，但首先他可以先把母親不曾告訴他的過去，簡單做個整理，讓醫師事先了解她的恐懼發展背景。大致可以像下頁的備忘錄這樣。

這樣的資訊，有助醫師全面掌握父母的症狀，與他們有更有效的互動。在此階段，醫師負責診治她的身體疾患，推介她去看老年精神科醫師，接受恐慌評估治療。目前看來，焦慮包含兩個方面：生物生理與基因體質，因此，藥物及對談治療雙管齊下，效果最好。所以，若精神科醫師開立藥物與諮商處方，毋需驚訝；這種合作取向治療（collaborative therapy）往往成效斐然。

備忘錄

致：　摩爾斯醫師
來自：艾瑞克．史密斯
主旨：瑪麗安．史密斯背景資訊

以下是我母親的背景資訊，尤其是關於她天生恐懼的部分，也許有助您的診斷及治療。

早年：

- 綽號「緊張瑪麗安」，只要母親一出門，她立刻就生病。
- 五歲時，她母親被送至肺結核療養院一年，留她和爸爸在家。
- 十五歲時，她母親再度住進療養院，留她在家照顧弟妹。
- 整個童年，她父親在家時間極少。

中年恐懼：

- 極度害怕小孩生病，一天到晚幫他們請假。
- 不斷換醫生檢查，儘管每次結果都沒有問題。
- 害怕人群與電梯。
- 不願開車，仰賴旁人接送。

晚年恐懼：

- 害怕單獨在家，不願先生外出。
- 除了看醫生，害怕出門。
- 自認有腦瘤、心臟病、中風（您大概已知一二）。
- 仍不斷看醫生，希望找到一個與她看法相同的人。

我的顧慮和想法：

- 我父親為此失去了行動自由。
- 母親從未針對其恐懼接受過治療。
- 母親的睡眠狀況極差，或許能藉助藥物改善。

過去一年曾看過的醫生清單：

日期：　醫師：　前往原因：

目前狀況：

用藥清單：

我們要再次強調，最好找一位熟悉老人家狀態的精神科醫師，尤其若需要用到精神治療藥物時，畢竟年輕人和老年人對藥物的反應可能差距頗大。可以的話，先多跟幾位精神科醫師談過，再從中決定。如果父母居住地的選擇不多，可以請別處的老年精神科醫師擔任父母醫師的諮詢對象。

▶▶ 基於用藥考量，應聽取老年精神科醫師對父母的評估。

認可並正視父母的痛苦

前述例子中，當艾瑞克明白自己雖然苦不堪言，但母親受的苦更深，這時他的心結終於打開。這種理解衍生出許多方法，其一稱爲「認可」。

像瑪麗安這樣疑心自己有病的人很多，中年、甚至年輕起，便因各種或眞實或想像的毛病而不斷看醫生。隨著晚年到來，身體本來就容易出狀況，疑病症自然益發變得嚴重，他們的家人也更覺不堪其擾。下面的例子顯示另一位有疑病症的母親，多年來總是抱怨背痛。從以下對話，我們呈現女兒可能有的錯誤反應，再看認可方法如何扭轉局面。

母親：我的背痛今天又更厲害了，眞不知該怎麼辦才好。

女兒：我相信明天一定會好多了，放輕鬆點。〔不經意地漠視母親當下的感受〕

母親：你說的容易。我痛得要命，怎麼放鬆。

女兒：瓊斯醫師說這些放鬆藥會有幫助。〔不知所措之下，勉強提出緩解建議。〕

母親：這些藥一點用處都沒有，只讓我想睡，醒來一樣很痛。反正他就是認爲這些痛苦都是我憑空捏造出來的。沒人可以體會我的苦痛。

這番對話讓彼此都很難過。女兒想幫忙，卻只是幫了倒忙。母親覺得自己的苦痛無人了解，女兒認爲自己說什麼都無法化解母親對背痛的執著，因而感到挫折又氣惱。接下來看看，當女兒正視母親所受的苦，情況可以如何改善。

母親：我的背痛今天又更厲害了，眞不知該怎麼辦才好。

▶▶ 多做認可練習，可改善溝通成效。

女兒：我眞不知道你怎麼受得了，那一定很痛。〔接受母親背痛的事實〕

母親：眞的很痛，但我還能承受。〔女兒正視了母親的難受，讓她不再覺得有繼續抱怨的必要。〕

在第二段對話裡，女兒認可了母親的疼痛，而非在經年聽她抱怨醫生檢查不出的背痛下，隨便敷衍了事，或甚至更糟地反駁她、說她心理有毛病。

回到艾瑞克和瑪麗安，瞧瞧他如何藉由認可來說服母親接受精神科診斷。

瑪麗安：我很高興你大老遠來慶祝我的生日，但我想取消整個派對，我沒那個心情。

艾瑞克：那太遺憾了，媽，我以爲你會開心點的。究竟怎麼了呢？

瑪麗安：我整晚睡不好，怎麼開心得起來？

艾瑞克：媽，我們都知道睡飽對你多重要。我可以想像你整晚翻來覆去，第二天昏昏沉沉，接著又擔心晚上仍睡不著。我知道有些藥物能幫助你放鬆，我想跟你的醫師談談，請他介紹一位專家，協助評估你的睡眠狀況，開些適當的藥物。

瑪麗安：艾瑞克，親愛的兒子，我一直這樣神經兮兮的，我不認爲有什麼藥會有用。不過，我想你聯絡一下摩爾斯醫師看他怎麼說也無妨。

這樣的認可過程，當然不能像醫師一般治好疑病症患者，但至少可以讓他們與子女好過許多。當焦慮的母親覺得孩子相信她、理解她，焦慮自然而然就會減輕了。曾讓成年子女沮喪、甚至絕望的無效對話，是有翻盤空間的。

早年的創傷易成爲恐懼之源

之前提過，不尋常的恐懼往往是童年某些事件的後遺症。多數情況下（就像瑪麗安的例子），我們只能猜測生命早期事件與成年舉止的相關性。有時，情況一目了然，如同以下所示。羅伯焦頭爛額地前來求助。母親與他同住，但她的恐慌已讓夫妻倆走投無路。羅伯希望能妥善周到地讓母親搬出去。

【案例21】

因為恐慌而把子女逼瘋的母親

從我有記憶以來，我媽一直都緊張兮兮，看到水尤其害怕。像有一次，我十歲左右吧，去參加朋友在公園舉辦的生日派對。我是唯一有媽媽作陪的小朋友。大家紛紛下去小溪玩，而我一過去，馬上被我媽抓回來。說有多丟臉，就有多丟臉。

我媽對死也非常忌諱，誰在她面前都不許談這個話題。我父親過世，她不肯出席喪禮。當時她不哭不語，只是大叫：「喬治，你怎麼能這樣對我！」

隨著歲數愈大，這些恐懼、擔心和儀式對她的影響也愈大。她害怕一個人在家；她擔心細菌入侵和食物被汙染。我們家成為她的囚籠，我也跟著變成她的守衛。最近，朋友邀我們去他家吃耶誕大餐，我媽猶疑不決，擔心會得病。我被她這麼負面的想法氣個半死，好說歹說要她改變心意，最後我大發脾氣，過後又非常自責難過。

以前小孩在家時，情況還沒那麼糟，但現在他們全都離家念書，我媽愈來愈怕一個人在家，也就把我和我太太綁得愈來愈緊。

緊接著，羅伯提起親友間輾轉述說的母親童年創傷。

她生長在歐洲的一個小鎮，外婆獨居在附近的村莊。母親派給她一個任務：每天下午步行去外婆家，陪外婆過夜。那裡只有一張床，祖孫倆便同床共枕。有一回在去外婆家的途中，她掉進河裡，差點溺斃。另一回，她早晨醒來，發現身旁的外婆沒了呼吸，已在半夜死去。這一切都發生在她七、八歲時，那種恐怖感從此揮之不去，使她往後持續被童年的惡夢驚醒。

父母可能是創傷後壓力症候群的受害者

追溯羅伯母親過往所發生之事，我們得以假設，她的童年經歷與後來的恐懼行爲有密切關聯。孩提時差點溺死，說明她爲何對水如此畏懼；她那麼害怕喪禮、細菌等充滿死亡氣息的事物，顯然來自兒時體驗到外婆之死；其他的一些儀式，像是超愛乾淨、對食物的挑剔、每日作息非常固定，可解釋爲她努力掌控生活，以對抗童年時那些她無力避免的事件。像羅伯母親這樣的人，正是創傷後壓力症候群（PTSD）的受害者。

創傷後壓力症候群這個臨床名稱，是指某人歷經生死交關後所產生的反應，那段經歷也許是身體受虐、性暴力、戰爭、犯罪行爲、天然災害、驟失親友或重要資產。

研究指出，這些人的心理效應不必然會在事件過後立刻出現，實際上，其間可能長達數年。而且，時間不見得能撫平創傷，反而常隨著老年的其他病痛、失落而更加嚴重。像羅伯的母親這個案例，那些童年夢魘已過了七十年，焦慮變得變本加厲，可能就是這種情形。

受害者會因類似事件而重新經歷創痛與恐懼，如此遂不難想見，他們會竭盡所能地避開一切可能揭開這些慘痛記憶的觸發點。就像羅伯的母親逃避與死亡相關的任何場面，就連她先生的喪禮也不例外，因爲那會讓她想起小時候醒來發現外婆已死的驚嚇。但緊張的狀況畢竟很難完全避免，所以當她看到羅伯和其他小孩下水玩，便反射性地激起了她的焦慮，立刻去把他拉上岸。那時的她，想必是再度親臨自己當年幾乎溺水的現場了。

成年子女毋需背負對父母的愧疚感

幫助成年子女應付難纏的父母，首先便是讓子女理解父母的問題所在，進而體諒其痛苦程度。羅伯來找我們，是希望平順地把母親從家裡送進養老院。在經過幾度諮商後，他學會了理解與應對之道，也不再覺得必須把母親送走了。掌握了創傷後壓力症候群的基本資訊，讓他得以解讀母親的怪異行爲，像是爲何拒絕出席父親的喪禮。現在他明白，母親之所以封閉自己的情緒，是害怕重新經歷童年的創痛。她這麼做，都是爲了保護自己。

▶▶ 了解有關創傷後壓力症候群的資訊，有助於子女包容父母莫名所以的行為。

我們發現角色演練，能讓羅伯有效地抓住與母親應對的訣竅。例如，我們要他演練他首次來時所談的事件，藉此讓他看清自己當時的反應如何於事無補。在這段歷史重現的演練中，諮商師扮演母親，羅伯則當他自己。

羅伯：媽，薩爾家邀我們這週六過去吃晚餐，他們希望你一定要出席。

母親：我不去。我晚上是不出門的。幫我跟他們說不好意思。

羅伯：一起去啦，媽，拜託，我會很感激的。

母親：〔生氣了〕別煩我，我不去，就這樣。

羅伯：〔聲音透出怒意〕媽，你簡直像個隱士一樣。你從不肯一個人在家，又不讓我們找人來陪你，這次你又要我們跟你留在家裡嗎？

母親：別管我，你不懂。〔開始啜泣〕

羅伯：〔踏出房門，滿心愧疚〕

透過演練，羅伯清楚看到自己的反應毫無幫助。他當然希望母親多出門享受人生，面對她的拒絕，讓他既受挫又憤怒。如果順著母親的意一起留在家裡，他會憤憤不平；如果把母親一個人留在家裡，他又滿懷不安。就這樣，他永遠在母親的恐懼和自己的愧疚間擺盪，怎麼做都不對。

在這段對話裡，羅伯的態度乃是基於一個假設：只要說服母親，讓她了解自己的行爲有多荒謬，她就會答應參加。他從未想過母親所經歷的童年創傷可能會造成今日的行爲，等我們解釋過創傷後壓力症候群與他母親問題本質的關聯時，他頓時領悟到，要改善局面，唯有自己調整因應之道。我們再做一次演練，以確保他深刻記取這個認識。

羅伯：媽，薩爾家邀我們這週六過去吃晚餐，他們希望你一定要出席。

母親：我不去。我晚上是不出門的。幫我跟他們說不好意思。

羅伯：我們大家會念著你的。我們還是會去，並在十一點前回來。我把電話號碼寫在這兒。要不要我們找人陪你？

注意在這段演練中，羅伯沒有爭辯，也沒有犧牲自己留下來陪母親。他接受母親的拒絕，並仔細交代自己幾點回來。不爭辯，即是一種尊重，讓他得以避免一場對峙，以及意志之爭後的挫敗感。他學會留意自己的言行，避免激起母親早年的陰影，並設法讓她感受到安全。

經此協助後，羅伯已能控制自己對母親的不滿。以往每聽到母親在晚餐桌上嫌說怕有細菌什麼的，他不是加以嘲諷，就是開她玩笑，最後總不免落得彼此針鋒相對。如今在知道母親何以如此之後，他不再出言相譏。

就像前面提到的許多成年子女，一旦了解母親眞正的問題所在，羅伯便停止要她「正常點」的徒勞。明白母親早年的慘痛經歷爲她晚年帶來的陰霾，使得他的氣惱轉變爲同情。

羅伯開始爲母親感到難過和遺憾。他想著母親童年所承受的苦，便不再氣她，而是氣當年迫使那個小女孩揹負成人責任的大環境。他想像著如果沒有那段過往，母親的人生會變成怎樣，自己的人生又會是怎樣。最終，他徹底明白，無論再怎麼努力，他也不可能擁有夢想中的母親。

- 理解有助於你控制脾氣。理解有助於你開始同情父母。理解有助於你放下不切實際的期待。
- 互助團體能有效處理愧疚感。

知道母親是受制於過去才變得如此難纏、而非因爲彼此的相處，讓羅伯感到如釋重負。他學會留意自己的言行，避免激起她早年的陰影，並且努力給她安全感，就像他現在會稟報自己要去何處、幾時回來。

當此諮商成功結束時，我們鼓勵羅伯參加互助團體，以深化他的新發現。於是他與一群背景類似的成年子女，由一位主持者帶領，進行一個月一次的聚會。對他來說，其中最有幫助的活動很像之前描述的角色演練，其他成員扮演他母親。透過這些練習，他一步步卸下心防，更能與母親自在地互動。下面是這些演練的其中一則範例。

羅伯：我老闆邀我和菲麗絲下週日十一點到他家吃早午餐，所以那天我們不能像平常一樣跟你吃飯。要不要我們先幫你準備好餐點，還是請梅寶（管家）來弄，陪你一塊兒吃？

母親：（有點不開心）你們就非得找我們聚餐的時間受邀去作客。

羅伯：媽，抱歉，我曉得你有多珍惜週日跟我們一起享用早午餐的時光。

母親：好啦，去吧，我才不在乎呢！

這種情況下，若是昔日的羅伯，勢必會被愧疚感襲捲。但經過與我們及互助小組的練習，他不再那麼輕易被母親激起罪惡感。

許多前來求助的成年子女常說：「我媽總讓我覺得愧疚。」彷彿問題出在母親。我們則協助他們看清，是否感覺愧疚全在於自己的選擇。上面這段演練，強化了羅伯對抗愧疚的能力；他學會善待母親，也善待自己。

試試這類技巧是否可行。別好高騖遠。要改變自己的態度絕非易事，需要大量的練習。一對一或小組諮商可能頗有成效，就像羅伯的例子。

接著再來看另一個深受愧疚所困的案例。蘇珊與母親相隔千里，每年探親必滿載罪惡感而歸，導致她決定求助。所幸她找到一群狀況類似的同伴，經過幾個月的小組互助與大量的角色演練，讓她下一次的探親之旅，氣氛獲得極大的改善。從以下母女近期對話可知，蘇珊由此小組獲益匪淺。

蘇珊：我們六月會去看你，待兩天。

母親：喔，原來我屬於陪兩天的媽媽。你休假幾天啊？

蘇珊：媽，我們一起把這兩天過得充實難忘。我很抱歉你覺得時間不夠。

母親：算了，我還是繼續撿麵包屑吧，反正我習慣了。

蘇珊：哎呀，媽，別這樣嘛！〔她換個話題，跟母親講起女兒生日派對的種種細節。〕

蘇珊並沒有花時間去愧疚。她認同母親的感受，同時知道自己不是壞女兒。

學會以自己要的方式生活，而非受父母牽制，你將會更喜歡父母與自己。如之前角色演練所示，羅伯安排好自己的節目，也盡心把母親照顧好。他知道要她開心接受簡直是天方夜譚，但多年以來，他首次覺得自己能掌握自己。

受創傷後壓力症候群折磨的人，總是竭盡所能地壓抑或忘掉那些重創他們的事件。傑出心理學家艾瑞克．艾瑞克森（Erik Erikson）曾說，人到晚年，最大的功課便是總結一生歷練——能正面、溫柔地接納自己，以及自己的人生。他稱此爲統整（integration）。要達此境界，我們必須能哀悼此生所有的失去和所有的悲劇。創傷後壓力症候群受害者卻無此能力。關於此，我們將在下一章詳談。

8

陪父母面對老年課題：失落、哀痛和悼念

晚年，是總結之時，是我們與終將結束的此生和解之時。因此，如何面對其間種種失落，顯得格外重要。如同茱蒂絲・維奧斯特（Judith Viorst）在極富洞見的《失落之必要》（*Necessary Losses*）中所言：「那些失落的經驗，無論好或壞，決定了我們成爲怎樣的人，過著怎樣的人生。」這一生，我們隨時都在面臨失去；隨著年歲愈大，失去的愈多，且各形各色：失去所愛，失去友伴、隱私、獨立、熟悉的環境，失去身體功能（視力、聽力、整體健康、美貌、駕駛能力等），心理功能亦隨之衰弱，尤其是記性。隨著退休的到來，失去了一生投入的工作。當然，最後也失去了生命。

維奧斯特的論點是：「我們在失去、捨棄、放下之中成長，這就是失落之必要。」這種老者何其幸運，能坦然直視失落，哀悼它們，繼續朝艾瑞克・艾瑞克森所稱「尊嚴」的方向前行。但並非所有人都如此幸運。有些人窮盡一生，努力建造防禦機制以對抗創傷。對某些人而言，哀悼等同卸下防衛，讓昔日惡魔重現，再度經歷早年令人痛苦的分離——他們無能面對維奧斯特所說各種失落的第一項：與母親分離。對另一些人來說，哀悼某事，無疑是掀開早年傷疤，那是難以承受之痛。

如果你的父母屬於這種類型，你將從這一章學到幫助他們緩解痛苦的方法。

以正面的態度接受失落

人生來到晚年，多數人已可以承受諸多失落，繼續穩穩地前行。他們當下的反應也許是驚嚇、難以置信、抗拒、封閉、倦怠、生病、依賴性變強、焦慮、憂鬱；但隨著時間的推移與旁人的鼓勵，他們學會接受，日漸復原，終至能適應改變後的人生。賽門便屬一例。

【案例22】

用樂觀面對失去的賽門

賽門與病妻都已高齡八十五歲，剛從家鄉搬到女兒所居城市的療養院。

這是個困難的決定，但他沒辦法；他知道自己無法再像從前那樣照顧妻子。儘管拋下過往如此令人不捨，跟孩子住近一點卻更重要，必要時能馬上找他們幫忙，他們也省去了很多距離所帶來的不便。

賽門勇敢面對，並不時感謝女兒們和療養院所做的一切。他正面看待眼前的改變，安頓好內心巨大的失落感。但不到三個月，更多打擊接踵而至：結褵六十載的老伴撒手人寰，緊接著他得動一個手術，之後需靠輪椅代步。一個正為老伴傷逝的老人家，要他打起精神樂觀復健，似乎有點過於強求。

然而，賽門很有動力，努力治療。他很願意說出失去太太的悲傷，並從他人身上得到支持。一位社工師鼓勵他藉著回顧過去，好好地審視一生，如實接受，再繼續向前。她還帶賽門出去用餐，聽音樂會，參加演講，這些活動與刺激讓他的心智保持敏銳，對生活維持樂觀。

樂觀是賽門得以復原的主要原因。但他已九十好幾，身體機能又逐步衰退，活動亦日漸受限。儘管如此，他仍能從日常生活中找到樂趣，對人不失信心，樂於接受幫助，遂能充滿尊嚴地走到人生的盡頭。

晚年所面臨的失落

想想賽門晚年承受了多少失落。

- 家，以及家鄉熟悉可愛的環境
- 老朋友們
- 獨立性
- 隱私
- 老伴
- 健康

• 行動力

遲暮面臨的失落之多，令人唏噓。我們多半只看到失去所愛之痛，卻沒有意識到其他很多失落也需要好好地面對和處理。對賽門而言，別種失落，在在使得喪妻這件事更難承受。

你的父母也許正面臨類似處境。有時，失落之間有連環效應：當某人因跌倒或中風而無法行動，可能需要請全天候的看護。這實屬必要，卻也意味此人失去行動力的同時，也連帶失去了某種程度的隱私與獨立。

大部分的人和賽門一樣，會試著接受失落，並尋找適合身體狀況的娛樂活動。有些人自憐自艾，只顧著悲嘆年華流逝，體能不再。最難面對生命各種失落的、也是讓成年子女最不知所措的，就是那些終生難以相處者。而即便你的父母屬於這一類，不用絕望。一旦明白父母長期狀況如何影響他們對失落的反應，修正你自己的態度，就很有機會獲得不一樣的回應。

▶▶ 請記住：難相處的父母特別難面對失落。

子女有時會受不了父母不斷抱怨失落，因而相應不理。這是不對的。要用心聆聽。比如說，你那自我中心的母親向來以美貌爲榮，當她傷心著風華不再，身爲子女的你應以同情和體貼來回應她。如果你的父親因喪失聽力而變得神經質，拿出耐心，找出有效的溝通途徑。若你那性格負面、總愛指責人的母親，成天批評她剛搬進去的公寓時，不妨想想她失去住了幾十年的老家會是何等失落，再慢慢讓她走出悼念的過程。如果父親不適應養老院，無理得讓你受不了，別逃開，就算他不理你，你也應該努力敞開溝通的大門，讓他隨時有台階下。

不難想見，最難承受的失落要數喪偶，對個性難纏的老人家尤其如此。很多人就是爲此前來求助。失去爸爸或媽媽已經夠讓成年子女悲痛了，活著的爸爸或媽媽反應又這麼令人無法招架。下面是幾則這樣的例子，我們也提供方法，教成年子女如何兼顧父母和自己的情緒。

一位不知如何發洩哀痛的老太太

也許你的親友當中也有這樣的人：失去摯愛，卻表現得彷彿沒什麼大事發生，沒有眼淚，作息如常。我們的客戶席德就完全看不懂：父親走了三個星期，母親莎拉一滴淚都沒掉過。她冷靜幹練地處理先生的遺物，迫不及待想離開這待了六十年的家，搬去養老院。席德想不透母親爲何會有如此反應。更糟的是，她對兒子的依賴日漸增強，席德怎麼做都不夠。此外，她還不斷挑剔他的太太和小孩，背地裡說他們自私。

席德說出他母親的一些背景。她的小時候，父親拋家棄子，母親變得強烈依附女兒，緊黏不放。莎拉曾向兒子吐露過，嫁給他爸爸，是爲了從她母親身邊逃開。在席德眼中，媽媽和外婆很像，都很挑剔又剛愎自用。成長過程中，媽媽對他們父子忽冷忽熱，一會兒說席德很乖，一會兒又說他很糟，全依她當下的心情而定。上大學後，他終得脫身。結了婚，母親看媳婦很不順眼，不斷嫌棄：「怎麼她什麼都做不好？」於是席德儘量和媽媽保持距離，直到父親罹癌過世。這當中，母親從未掉淚或顯現出大事當頭的任何反應。席德直覺感到母親需要協助，接受新的現實，所以他來到我們面前。

我們安排一位助理社工師玲達每週去探望莎拉，跟她作伴，也陪她處理事情，像是看醫生、拿藥等。玲達藉著家庭相簿刺激她追憶過往，從她當學校老師，到後來與先生相處的數十載歲月。

莎拉完全不能原諒先生的死。對她而言，這等於拋棄，就像當年她爸爸拋棄了家一樣。由於小時候欠缺處理哀痛的情感技巧，使得莎拉卡在無法面對任何分離的失能狀態。換作其他人遭遇喪偶之痛，會走出打擊，接受事實，繼續前行。但莎拉不行，她自己一個人辦不到。

透過與玲達之間的情誼以及相片，莎拉有機會從回顧人生中，找出美好時光以平衡自己對婚姻的不滿。

我們幫助席德了解母親早年的經歷對眼前所造成的影響，他不再像以前那麼放大母親的挑剔，也不再覺得自己要爲她的快樂負責。席德終於接受了母親的缺點。這個改變，顯現在母親叨念時，他包容的回應。

引導父母找到情緒的出口

當父母的情況類似莎拉，沒出現一般的哀痛反應，你或許還因不必面對失控狀況而覺得鬆一口氣。短期間內或許如此，但時間長了就有問題。壓抑悲傷會導致憂鬱症，自殺念頭可能在數月、甚至數年後，碰到假期或紀念日而浮現。莎拉深藏的悲痛，展現爲憤怒、尖刻和敵意，就跟她自幼以來每次碰到失落時的反應一樣。一般人則往往展現爲身體不適與病痛。

如何應付這種情形？以下提供幾點建議。

▶▶ 想以理說服父母拋開憂鬱，是沒有用的。

▶▶ 讀出父母言詞中透露出的哀痛信號。

- **試著體諒父母沒辦法哀痛這件事**。無法哀痛，是莎拉終生問題的一個重要面向。像她這樣的人，爲了避免再次承受失去的重大打擊，早已打造了堅強的防禦機制。要了解，她沒能夠哀痛，並不代表她對老伴沒有感情，或僅有厭恨；剛好相反，莎拉這類人一樣有著喜歡與厭惡之情，只是他們不知如何將之融合在同一個人身上。一旦面臨失去的打擊，這種衝突馬上產生。
- **傾聽父母**。假如母親告訴你，她感到憂鬱，那可能意味她的哀痛以此呈現。別想說服她走出陰霾，就像下面這段對話中那位女兒所嘗試的。

母親：我眞不想面對早晨。

女兒：〔想勸媽媽走出負面情緒〕可是你有很棒的人生啊！你有個溫暖的家，還有兩個可愛的孫子。

母親：對，我知道。但你爸丟下我一個人，我好孤單、好難受。

女兒：〔拚命想讓媽媽開心點，要媽媽樂觀看待生命〕媽，如果你能把半杯水看成半滿而不是半空，你會覺得好過得多。

母親：我覺得好累。

這個女兒看到母親陷入憂鬱，試圖以樂觀把她拉出來，結果卻是雙輸：女兒毫無進展，深感挫敗；母親更加疲憊，覺得被誤解。

這位母親只是以她唯一做得到的方式，抒發一點哀痛之情。從她的言談中，可以聽出蛛絲馬跡：

「你爸丟下我一個人。」

「我好孤單。」

「我覺得好累。」

乍看之下，這些話反應的不過就是憤怒和哀怨，但如果想想這位母親的性格和爲人，就會知道這是她唯一能表達失去老伴感受的方式。她的哀傷，就藏在那些身體情緒的抱怨底下，這就是她對喪偶的感受。重點是，她在表達情緒時，她的女兒若能儘量保持靜默，讓母親盡情說出感受，對雙方都最好。就像這個例子。

母親：我眞不想面對早晨。

女兒：〔儘量少說〕我知道。

▶▶ 鼓勵父母把情緒說出來。

母親：你爸丟下我一個人，我覺得我病了。

女兒：〔依然少講話〕嗯。

母親：〔開始打開一點話匣子〕我看你爸是眞的想死的，這樣他就不必再幫我做事了。他一直討厭做採買之類的雜事，他討厭必須幫我處理一堆事情。我希望他滿意了。他再也不用管我了！

試著站在這位女兒的立場。她幾乎不出聲，只是聽著媽媽講父親的壞話。這時難免會讓人很想開口爭辯，但這麼做只會破壞事情。最好的做法是，認可媽媽對父親的負面情緒，儘管這很難做到。

母親：他再也不用管我了！

女兒：是啊，你變成一個人了。

母親：〔啜泣起來〕還好我有你。

傾聽母親，認可她的情緒，包括負面情緒，不代表你同意她或站在她那邊，也不代表你對父親不孝。這麼做，只代表你想通了陪伴母親最好的途徑，是不與之爭辯，不反駁，不試圖勸她走出陰霾。

有時，回顧往昔有助抒發哀痛。你可以找出一些老相本，鼓勵父母談談舊日種種，好的不好的都行，說說戀愛時期到結婚後的點滴，聊聊各個特殊日子。那些過時打扮與泳裝可能會讓你們發笑，更重要的是，可藉此協助父母平衡正負面情緒。比方說，當母親忽然把她過世的姊姊端上聖壇，直說她多好又多好，你可以溫和地提醒她，伊娃阿姨有時是如何的不講理。

如果這類活動無法立即生效，可過一段時間再試。如果這件事對你的刺激太大，不妨另外找人。記得莎拉那位助理社工師，不是一步步地引導她追憶過去，重拾人生中的歡愉片段？整理出一本「這是你的人生」剪貼簿，或協助當事人錄製口述史，都是讓他們回顧生命

> ▶▶ 陪伴父母追憶過往。
>
> ▶▶ 找其他人為父母提供更多慰藉。
>
> ▶▶ 鼓勵父母參與及獨立。
>
> ▶▶ 照顧好自己。

成就的好辦法。

鼓勵父母獨立和投入，讓他們站起來。沒能力哀痛的人，往往會退縮自閉，仰賴子女或照護者幫他們做所有的決定。莎拉便是如此。此時，務必要讓當事人儘量投入現實，尤其要有能力為自己做決定。成年子女可以幫忙的是，事先過濾，把選項減少到二至三個。

在關心父母的同時，也別忘了關心自己。舉例來說，如果父母因傷逝而倒向你，需索無度，你要畫出界線，知道自己最多可以做到哪裡。長遠而言，這對雙方最好。深陷於悲痛中的父母，也可能做些事情讓你不諒解兄弟姊妹。如果你們了解母親無法同時間與一個以上的子女和睦相處，你們可以安排各自與她相處的時間，別讓她造成家庭不和。

若父母無法停止悲傷

有像莎拉這樣失去摯愛卻不會落淚的人，也有哀痛逾恆的人。這種停止不了悲痛的情況，似乎跟莎拉全然相反，但實際上，兩者非常相似，同樣欠缺健康的哀痛能力。可以想像，子女做盡一切，卻只見父母凍結在悲傷裡，將會感到多麼無奈。

你可以採取一些簡單步驟，幫助父母走出傷痛。第一，設法了解造成父母無法控制悲傷情緒的成因；第二，不要放棄父母，但也別為其悲傷添加柴火；第三，讓父母參與有意義的活動與計畫。

下面敘述一位女兒的故事，緊接著是根據上面三個步驟所作的明確建議。

▶▶ 若父母無法停止哭泣，別棄之不顧。那只會讓情況更惡化。

▶▶ 若每次探視父母幾乎都被淚水淹沒，下次去之前，不妨先準備一個活動或計畫。

［案例23］

幫助母親走出喪偶之痛的女兒

我父親去世二十年了。對我媽來說，那卻好像是昨天才發生的事。這種時候，我打賭她一定抓著電話，跟她妹妹哭訴說：「怎麼會這樣？」每次她一開始發作，我就馬上走開。我覺得這樣做很冷血，但經過五年、十年、十五年，我實在受不了她的眼淚，不管我怎麼勸，她就是哭個沒完。

後來我輾轉得知她之所以這樣的原因，就比較能控制自己了。她還是哭得很厲害，但我不再走開，不再以為這是衝著我來的。我現在明白媽很氣爸爸棄她而去，因為她小的時候父母生病，把她丟給一個阿姨照顧。有了此一理解，我的態度大翻轉，不再覺得是自己引起她傷心。現在我變得體貼有耐性多了。

諮商師教了我一些建設性的方法。現在我去探望媽媽前，通常都會準備好某種活動或計畫。以下是我們去年做的事情，我覺得對我們幫助很大。

- 我們跟散居世界各地的親戚蒐集了許多照片與故事，合力做成一本家庭相簿集。

- 有個週末，我帶她到我公司，讓她知道我上班的情形。
- 我們一起去探訪她的朋友和我的朋友。
- 我們去看電影和舞台劇。我一定選輕鬆愉快的類型。
- 我開始跟媽媽收藏茶杯，我們還常一起去逛古董店。
- 我們坐了一趟市區遊覽大巴士。

現在我覺得去探望媽媽不再令人生畏，而是一種挑戰。我不再被她的哭泣惹毛，而是能給予同情了。

當父母以替代品來逃避悲傷

我們已經看到缺乏哀痛能力的人，有兩種看似南轅北轍的表達形式；另一種也很常見：

找人取代老伴離世所留下的空缺。你可能認識某人才剛失去配偶，便馬上就再婚或跟某人同進同出。成年子女常因此感到失望和憤怒，甚至不齒，斥責父親簡直愈活愈幼稚，毫無判斷能力。他們常會這樣說：「失去媽，你不覺得傷心嗎？」「你怎能對媽如此不忠？」有些子女倒是樂見這種迅速替換，認為可化解父母的孤單，也可卸除自己的重擔。

以下這則關於索爾在妻子死後的故事，由他煩惱的子女告訴我們。

【案例24】

妻子過世便無法自處的索爾

媽一直把爸爸伺候得妥妥貼貼。爸爸希望媽這麼做，而媽也心甘情願，毫無怨尤。媽走時，爸爸第一時間不是悲傷，而是擔心接下來誰可以照顧他。他不顧我們走不走得開，硬是要有人隨傳隨到，煮飯給他吃，帶他到處走走。

我們盡力而為，但他稍有不滿就大發雷霆。幾個月後他遇見艾麗娜。艾麗娜很迷人，也剛失去伴侶。兩人很快便步入禮堂。一方面，這讓我們鬆了口氣；但另一方面，當我們聽說艾麗娜過世的先生待她，就像媽以前對爸爸一樣，我們不由開始擔心起來。果不其然！

就像爸爸期待艾麗娜取代媽，艾麗娜同樣期待爸爸取代她前夫。當然，兩人都落了空。這固然令爸爸失望，但他仍自傲能娶到這位迷人的寡婦，讓他在鄉村俱樂部裡很有面子。因為新老婆不善烹飪，爸爸就帶她繼續到兒女家吃晚餐，或叫我們把煮好的東西送過去。兩人隨時想出門，就叫我們開車接送，雖然計程車費對他完全不是問題。如果我們慢點接電話，他就冷嘲熱諷地說：「忙到沒時間接電話，要這種女兒幹麼？」要不就大發脾氣道：「我為你做了多少，你難道不該好好報答我嗎？」

我們解釋，父親沒表現出悲傷，不代表他不愛他們的母親；只是沒有了她的愛與關注，以及長久以來的呵護，他頓無所依，茫然失措。

如果你也處於類似情況，當你認清無論你怎麼想，老人家照樣會我行我素，你將覺得好過不少。所以，別自認必須阻止他。

讓你覺得這麼生氣的原因之一是父親的索求無度，你又無法說不。而爲了自己好，你必須處理這種罪惡感。你要爲自己出頭，決定哪些是你可以爲他做的合理範圍。

假如你的父母也像索爾一樣，你將深知這說來容易，做來何其困難。當你處於爲母親悲痛的情緒中，你很容易就會幫父親做太多，一不小心就滑進「伴侶」那個位置。要保持客觀。你甚至不妨坐下來寫一張類似下頁的表格，考慮自己的能力，列出能做的事項。光是思考與書寫，就能幫助你客觀地評估局勢。

▶▶ 當父母找人取代逝去的伴侶，意味他無法自處。接受父母有權為自己作主，無論好或壞。

▶▶ 畫定你能夠做的合理界線。

我能為父親做的合理事項

- 一週採買一次，順便陪他兩個鐘頭。
- 每週二、四晚上通電話。
- 真正緊急時，立刻報到。
- 必要時，聯繫他的醫生。
- 幫他安排好看醫生的交通工具。

創傷後遺症對老年的影響

重大創傷造成的長期反應頗爲常見，通常被診斷爲創傷後壓力症候群，患者將終生帶著情緒傷疤。失去，是伴隨那些可怕經歷的要素之一，導致患者沒有能力哀悼所失，也無法繼續前行。如果你的父母曾有這種經歷，陷自己與家人於深淵，請按照我們的建議，打破彼此雙輸的僵局。第一步是找出讓他自虐的源頭，設法理解他所經歷的創傷。

創傷後壓力症候群最常因孩提時受到肢體或性侵害而引發。小孩不僅受虐待本身折磨，施虐者（雙親或其一或其他家人）辜負了他的信賴，更讓他痛苦不堪。多半時候，他們責怪自己，認爲一定是自己做錯了什麼才會受此凌虐。慢性的自尊低落揮之不去，一輩子準備讓別人糟蹋。

創傷後壓力症候群也常由別種重大傷害引起，例如從戰場回來的退伍軍人身上就很常見。二次大戰猶太人大屠殺的倖存者也多有此症，他們應該也是研究災難性創傷的主要對象。這些倖存者爲了逃避失落的回憶，積極投身於工作等活動中，等來到晚年，力有未逮，那些夢魘片段便開始閃現，形成極大的威脅。

下一則情節便是在講述這樣一位倖存者，納粹德國的陰影

▶▶ 儘量了解父母的過往。其中或許有什麼細節，可用來幫助你們度過哀痛的過程。

籠罩他的一生。雖說這是特定人士的故事，他的態度和行爲卻不僅普遍反映倖存的猶太人，也反映了別種事件造成的創傷後壓力症候群患者情況。

【案例25】

一輩子無法自己做決定的雨果

希特勒掌權後，雨果的父母便遭到監禁。雨果帶著妹妹從一個城市跑過一個城市，終於從德國逃到義大利。起初看來一切順利，義大利人友善好客，難民可以生活得不錯。就在這兒，他遇見同樣來自德國的難民瑪莎，並且娶了她。孰料義大利旋即與德國結盟，難民只好再度逃亡。雨果和瑪莎跑過許多國家，在戰火爆發前來到紐約。戰後他們在洛杉磯安頓下來，雨果的生意做得不錯，孩子也一一誕生。

他們兩人從不願多談歐洲的經歷。雨果只會說，當初選擇義大利，實在是大錯特錯。在女兒海莉特的記憶中，父親向來都做不了決定。當父親建議她怎麼做決定時，他總會這麼講，「別讓自己坐在兩張椅子中間」，意思是：如果不確定下一步會更好，那就按兵不動。這是雨果奉行的圭臬。

雨果結婚後，所有事情都由太太瑪莎作主。瑪莎走了，喪禮後那幾天，雨果幾乎絕口不提瑪莎，甚至沒流露出多少哀傷。他將全部心神都放在要搬到哪兒去這件事情上。他清楚所有選項，又找小孩仔細討論。一次又一次，他下了決定，付了訂金，然後退縮不去，覺得這會是他做過最糟糕的一項決定。海莉特前來求助時，如此形容：「我爸就像被釘在原地。」

雨果的優柔寡斷、猶豫不決，與他對早年不斷遷移的憤怒有關。對他而言，一個決定事關生死，尤其在涉及遷移時。他就那麼「困在椅子上」，不斷重現過去，根本無法動彈。

雨果的無法作主，就他此刻的情境，可能有點特別。他想藉著搬到安全的地方，逃避喪妻所帶來的傷痛，卻又怕會在下一個地方碰到更多失落與痛苦，於是遲遲無法行動。這種無能哀痛的狀況，在很多大屠殺倖存者身上都能看見，走過其他創傷的患者亦然。

當然，雨果只是希特勒對猶太人大屠殺之下的一名倖存者，這段經歷造成他某種心理瘡疤。至於其他倖存者，尤其是那些待過死亡集中營的，各有不同的瘡疤，唯一相同的是，他們全都無法進行哀悼、無法表現哀傷，因爲若正視眼前的失去，那拚命想忘卻的回憶與情緒就會湧現上來。對某些人來說，哀悼、接受那滅絕數百萬人的大屠殺，等於是默許此罪行；某些人對於有那麼多人死去，而自己竟活了下來，一直深懷愧疚；還有些人，覺得自己遭到上帝與人類的棄絕。

很多人試圖抹去那段過往——把它斬斷，可以這麼說。但不論再怎麼努力，都不可能忘得了。就像諾貝爾和平獎得主埃利．維瑟爾（Elie Wiesel）形容自己與其他倖存者：「我們並不活在過去；是過去活在我們心底。」於是當他們年老時，想如常人般總結並回顧自己的一生，會自覺缺乏一般人性。很多倖存者覺得待在養老院，無異被關在集中營。我們有位客戶已無力自己照顧母親，雖知附近的療養院能提供母親所需的密切醫療照護，卻又不忍送她進去，只因怕會掀起她待在集中營的記憶。但，每個人的經歷，其實各有其曲折。他母親告訴過我們，戰爭期間，她曾在某修道院待過一段時期，獲得修女們很好的照顧。當我們談到搬去療養院之必要，我們鼓勵她回顧這段經歷，回想她在那裡學會縫紉，回想自己被關愛的安全感。這些影像讓她順利跨越障礙，並且很快能融入新環境。

你做不到的，專業治療可以幫忙

前述幾則例子的主角都有一個共通點：面對晚年失落，無能正常哀悼。他們出於個別原因，無法正視早年的經歷，遂也無以走過如艾瑞克森與維奧斯特所描述「一個健康的總結過程」（如本章前面所談）。在每個案例中，當事人無能處理失落的問題，對自己與子女都造成莫大的痛苦。

這些人都需要專業指引他們走過哀悼的過程，接下來的篇幅，就是要討論這類專業協助。我們在前面已經看到，很多人會抗拒治療，所以我們會有兩個重點，除了介紹相關治療之外，也強調必須以溫和的方式向當事人介紹有這類幫助。

即便是晚年，父母也能從諮商這兒得到啓發。與諮商師一對一所獲得的關注，或許正可突破危機。有些父母雖然向來拒絕諮商，但面對危機時卻也可能願意卸下心防。

有些人認爲「諮商是針對瘋子做的事，我又沒瘋」，但他們或許肯接受特定項目的晤談。舉例來說，案例25的雨果一輩子不信任心理治療，卻可能接受遷居輔導（relocation counseling），以解決他要搬去哪兒的困境；住進養老院的頭幾個月，也許他願意接受適應諮商（adjustment counseling），好融入狀況。同樣地，喪偶的父母或許願意考慮喪親輔導（bereavement counseling）；若還是難以接受，應該也不排斥找人聊聊他一個個無眠的夜。

- 適當的治療能幫助人們學會哀悼，無論年紀多大。
- 預期性悲傷（anticipatory grieving）助益匪淺。

有些老人心理治療師願意進行家訪。父母可能有千百個理由不肯去看諮商師，現在人家願意上門，並且在他比較有掌控感的環境，他可能就會點頭了。

有些特別的諮商，對於協助面對失落的效果可能非常好，尤其在摯愛離世前所做的諮商。若死亡過程緩慢，這樣的諮商將讓生者有機會說出自己所經歷的一切，慢慢分享他的負面與憤怒。而這麼做，主要是讓生存下來的一方更能接受這股怒意，釋放出更多愛的感受。

有可能父母要你作陪才肯去。如果是這樣，你義無反顧，一定要去。那將同時幫助你們親子雙方。

特別是在危機時期，藥物對抗焦慮和憂鬱的成效極大。最好的途徑是帶父母去看老年精神醫學，評估用藥及回診需要。如果媽媽怕自己果眞精神異常而不肯去怎麼辦？一個頗有效的方式是，避免使用「精神科醫師」，轉而說這是能開藥解決你失眠、緊張或不管什麼的「專科醫師」。如果媽媽還是不肯，不妨試試透過家庭醫師。家庭醫師可能會請教老年精神科醫師，開立適當的藥物。

若還是行不通，那就換個人來勸，也許是某個近親好友、牧師或師父、父母信賴的律師或會計師等。你也可以寫信，把你的擔憂告訴父母。我們在第六章介紹過這個技巧。如果都不行，你只好告訴自己，你已經盡力了，放下吧！不過這只是暫時的，過一段時間還是要再試。此時不要對父母太過施壓，除非你相信父母有健康上的風險（參考第三章「高風險狀況」的例子）。如果不確定風險程度，可請教精神保健專家的意見。

- **家族治療**。家人共同參與的治療，能改善親子溝通，對雙方都有幫助。逃過大屠殺的倖存者與其子女，特別可以從這種治療中得到最大幫助。這種途徑的另一個優點是，你可以與父母維持適當關係，不致過於密切或疏離。如果父母拒絕參加，也別太難過或意外，你可以先從其他家人或自己開始，讓父母想要時再來。
- **團體治療**。儘管排斥獨自或與家人一起接受諮商，父母也許肯和有類似處境的同伴共同接受治療。團體治療是由合格專家帶領，他們都受過心理治療方面的訓練。
- **互助小組**。許多面臨失落的人發現，喪親或其他主題的互助小組幫助很大。這類團體主持人不見得是專家，有些純粹是由同伴組成，沒有帶領人。其主旨在提供支援和鼓勵，不像前面的團體治療，旨在做出心理調適。互助小組對大屠殺倖存者與其家人的成效卓著。這兩種團體都在幫助遲暮的倖存者找出生存的意義，不讓問題延續到下一代。這類小組由社區社會服務機構贊助，對許多人皆有深遠的幫助。

• **治療性方案**。無論一對一、家族一起或團體性質，傳統治療不見得適合所有人。有些人在回顧過往後，情況變得更壞，因爲被掀起的罪惡感、悲傷、被排拒，力道實在太強。對這類型父母而言，比較妥當的治療方式，或許是讓他們投身某種有意義、可令人快速振奮的活動，像是銀髮族營養課程、長青中心、YMCA、社區中心等，對年長者都有很正面的作用。由各宗教贊助的社會團體也常推出各式活動，包括志工，這對很多人是最好的療癒。

相較於團體治療，有些人更適合一對一；這點要列入考慮。有位客戶說，他經歷過最棒的治療是擔任志工，去拜訪那些無法出門的人。另一個客戶，我們則安排每週一次在他家下西洋棋。

記得一點：有很多種替代治療，會比傳統對談方式更適合某些人，像是藝術治療、行爲改變術、動作治療、推拿療法等，這些都可在合格專家的指導下，一對一進行。

說到底，你父母可能仍無法接受上述任何一種治療。此時，請多多留意本章之前所談的一切，找出方法來因應被過去阻礙而無能處理失落和哀悼的父母。

讓父母在晚年有機會與過去和解

我們要以維奧斯特的話，作爲本章的起始與終結：「那些失落的經驗，無論好或壞，決定了我們成爲怎樣的人，過著怎樣的人生。」

從本章的許多例子中，可看到老人家因性格阻礙，導致他們無法面對失落，適切地走過哀悼的過程，好好繼續過人生。不要忘記，對那些早年遭受遺棄或受到重大創傷打擊的人來說，任何的失落、分離、改變，都是非常困難的課題。這時，當年的陰影悄悄浮現，他們也變得比往常更難相處。僅僅這層認知，就有助改善現況，即使你所能做的只是留意自己的言行，避免踩到地雷。

在父母願意的範圍內，盡力協助他們在晚年總結此生的過程，平和地接受一切失落。如果父母的反應不如預期，身爲子女的你也別失望和退卻，有可能他們是眞的做不到。記著，這不是非黑即白的事；即便父母只流露出一點點哀傷，也好過毫無感受。就算你只能守住不讓情況惡化這道底線，請試著告訴自己，你正遵從醫學倫理中的「不造成傷害」（Do no harm）原則，而那已經過時間充分的考驗。

9

陪自己
優雅快樂地變老

截至目前，此書都在協助成年子女面對難相處的父母，每章都強調兩個重點：第一，設法了解父母有此行爲的背後成因；第二，運用這層理解，改善你與父母的相處之道。書中所有的建議，無不朝此方向前進。

如果你仔細讀過這些章節，應該已能調整你的因應父母之道，提升彼此關係至某種和諧之境。你可能也會發現，這些有關理解與對待父母的建議，同樣適用於別人，包括親戚朋友、同事、配偶及小孩等任何你接觸到的對象。對許多讀者來說，這已足夠。有些人則發現，調整與父母相處的方式後，也看到了一個從未發現的自我。若是這樣，繼續讀下去應該會更有斬獲。

這項新的自覺可能促使你自問：「有的時候，我是否對配偶、孩子和同事過度挑剔且負面？支配欲太強？簡單說，我對待其他人，是否有點像我那難纏的爸／媽對待我一樣？」你可能繼而揣測，自己或許繼承了父母的模式，或是受從小教養所致，行事作風變得跟父母類似。你也許擔心，這些傾向會隨著年紀而日趨明顯——你會愈來愈固執，無法從容地變老，並由自己最壞的部分主宰一切。最後，你還擔心，以後孩子跟你之間將重演現在你和父母的狀況。

但請記住：你與父母之間存在一項重大差別——你有讀過此書，因而能夠意識到自己的行爲反應，而你的父母沒有。有了此認知，你就有機會改變自己。你至今所展現的行爲模式，來自遺傳、教養和閱歷。但請記得：如今你的閱歷還包括這份新的自知之明。了解這點，便已踏出自我修正的第一步。老年不要變得像父母那樣難相處，這件事操之在你。有心自我省視，有動機修正不妥的模式，你就毋需擔心將來子女要買這本書來學習怎麼應付你。

意識到自己步上母親後塵的女兒

要說明此一新洞見的力量，讓我們回頭看看第五章開始時提及的姊妹倆——蘇珊與貝西。在案例14中，這兩位女子自幼被控制型母親緊緊掌握，直到蘇珊再也受不了，從諮商師那裡獲得向母親爭取一點空間的力量，跟母親提議：不要每天打電話，改成一週三次。你應該還記得，這位母親無法忍受自己的威權受到挑戰，立刻斷絕母女往來，而且還要先生和另一個女兒照做。

憑著諮商師的鼓舞，蘇珊得以面對失去雙親及妹妹的痛苦，勇敢向前。相對地，貝西繼續在母親的軌道上運轉，並開始以同樣模式對待自己的小孩，直到多年後當她不堪壓力而重新聯繫姊姊，要求她幫忙照顧年邁病弱的父母時，她才緩解了重擔，也被迫重新審視當年重大的家庭斷裂。以下是兩姊妹的部分對談：

貝西：想到當年你和媽大吵，我就覺得很愧疚。你應該曉得，媽把我整個洗腦了，她讓我相信你是拋棄我們家的壞女兒。我一直以爲自己很孝順，總是守在爸媽附近。我根本不敢違背媽。你是哪來的勇氣敢這麼做？

蘇珊：與其說是勇氣，更該說我沒有選擇。我實在受不了每天得打電話給媽。明明沒話可說，只因爲她這樣規定。我開始出現症狀，每天一早就給史丹和同事臉色看，直到打完這通電話爲止。我想，我再也無法繼續這樣下去了。我知道後果會很可怕。我曉得媽可能再也不會理我，但我有史丹，他堅持我應該主動打破這種病態的母女關係。我明白他說的沒錯，電話問題只不過是媽和我之間的冰山一角而已。我開始去看諮商師，她幫了我很大的忙。透過她，我體認到年幼時自己沒有選擇的餘地，只有乖乖服從媽媽的權威，才能繼續擁有一個雖不理想、但在盡力的母親。諮商師讓我看到，如今我已長大成人，有自己的家，我不需要那樣的哺育了。

這段談話讓貝西大開眼界，讓她不僅生平首次了解姊姊，也藉此重新評估自己。她是否像當年媽媽緊箍著自己一樣，緊箍著孩子？她不想步入母親的後塵——充滿怨怒，跟孩子斷絕關係。

也許你從貝西身上看到一點點的自己，若是如此，繼續往下讀，進一步檢視自己的行爲模式。

轉變態度，抽離父母的制約

仔細觀照自己對父母的反應，是個不錯的起點。當母親幾乎把你逼到牆角，你是怎麼反應的？退縮、暴怒、轉身走人、採取被動攻擊模式，還是表現出懲罰性或操弄性的舉止？換言之，你是不是出現前幾章所談的類似行爲？

有時很難記得自己的反應——昨天是怎麼應付父母的，今天就是想不起來。因此，你可以整理一本日誌，對你會有幫助。還記得第一章案例1的艾爾嗎？當他從劇院比平常稍晚些打電話給母親，被母親掛了電話。我們就力勸艾爾記錄下與母親的互動，建議他在每個頁面的左邊，寫下母親讓他激動的言語，右邊則說明當時生起的確切情緒。以下是他獲得專業協助之前的紀錄。

當我媽說：	我覺得：
「你到底去哪裡了？」	非常憤怒

不作聲，掛我電話	痛苦，被推開，被拒絕
「你不關心我。」	愧疚

看看這些反應跟他母親有多像。艾爾覺得一切都是衝著他來的，他感覺自己其實更像一個被責罵的小男孩，母親的言詞對他激起的反應，與當年住在父母家裡時一模一樣。他的這些愧疚和憤怒的情緒乃出於反射，是多年累積內化而成的全自動模式。就像許多成年子女，他也覺得自己應該對母親的憂悶負很大責任，偶爾甚至還考慮換工作，好能多陪陪母親；但也有時候，他完全不想再跟她碰面。艾爾需要客觀地透視他的處境。他陷入了情緒困境之中——與母親的糾結，讓他無法與她建立成人間應有的關係。而透過描繪母親的「客觀速寫」，他終於能站在比較客觀的立場。

我對母親的客觀速寫：

我媽對我過度依賴。她對我的辱罵毫不講理，我想這是來自她早年所受的折磨——她的母親被另一個生病的孩子長期占據心神，加上憂鬱不斷纏身。因爲長期缺乏母愛，使得我媽始終未能接納自己；她自己無法獨立，在我的成長過程中也不讓我學著自給自足。她一直需要旁人給她安全感：先是自己的母親，然後是我爸，再來是我。她從不肯學開車、自己開支票，也因爲這種心態，她甚至不讓我離家念遠一點的大學。她從沒發展出正常的因應機制。

這份速寫，讓艾爾得以保持平衡。舉個例來說，當他發現自己因愧疚而花太多時間在媽媽身上，因而忽略了自己的太太和小孩，他就可以回想這個圖像，進而得以合理分配時間，坦然接受媽媽的失望，事後也不會對自己的決定感到愧疚不安。現在的他，已經了解媽媽的缺陷，並且知道自己毋需爲此負責。

透過專業協助，艾爾不再輕易被母親激怒，內心也平靜許多。母親言行依然，艾爾在日誌頁面右邊寫下的內容卻大不相同。

當我媽說：	我覺得：
「你到底去哪裡了？」	同情，憐憫
不作聲，掛我電話	短暫的憤怒
「你不關心我。」	爲她感到悲哀

有意思的是，如今當艾爾想到母親，心中感覺到的是悲傷。放棄讓母親快樂些的努力之後，最明顯的反應出乎他意料——一股失落、甚至哀痛的情緒湧現。爲何會這樣呢？

父母很難改變，但你可以選擇和他們不同的路

前一章我們看到，順利的哀悼意指能漸漸接受失去，獨自繼續向前行。反之，若基於任何理由而無法接受失去，就是不順利的哀悼。

之前提及的蘇珊和貝西，正足以清晰描繪哀悼在世父母這件事。母親與蘇珊斷絕往來，並迫使先生和二女兒貝西照做。蘇珊頓失雙親與妹妹，雖然她傷心欲絕，但在諮商師的輔導

下，最終能勇敢地面對這龐大的失落感，妥善地緩解哀傷。

相較於蘇珊，艾爾的失落並沒那麼嚴重，也較不明顯。他失去的，是一份不切實際的母親形象。當他重新看清母親的人格，終於能正視母親只能從他這邊取，卻沒辦法給。這是他永遠無法改變的。簡單地說，他明白她不會成爲自己心目中理想的母親。以往不是，以後也不可能。他一直期待母親有一天能更寬容慈愛，一旦要斷絕此念，著實令人痛苦。對於這種感受，有一位兒子描述得十分生動，他說「那就像一出生就成爲孤兒，從沒有擁有過眞正的媽媽」。

艾爾知道，爲了婚姻與健康，自己不能每天去看媽媽了。透過諮商，他明白，此舉勢必會讓母親覺得被拋棄，他也做好了被罵的準備。只不過讓他意想不到的是自己的反應。一方面，減少會面讓他鬆了口氣；但聽到母親罵他不是「好兒子」，卻不禁湧起一股哀傷。

這些失落都是可以面對的。當艾爾接受母親的缺陷，他得到雙重禮物：這份母子關係帶來的緊張與壓力得以緩解，而且他將學到如何好好變老。回想一下我們在前一章談到，老年是回顧一生並與之和解之時。哀悼失去的能力愈強，這個和解的過程就會愈理想。艾爾可以趁現在中年鍛鍊好哀悼的能力，等晚年失落加劇時，會比較有能力從容以對。他不僅能改善與妻小的互動，自己的老化也將更順利。他會成爲子孫的典範。

還記得前一章案例中，那些無能哀悼的人嗎？艾爾較幸運的是，他的性格中只有一點點像媽媽，哀悼失去對他相對容易許多。那麼，性格幾乎是母親翻版的貝西呢？記得吧，原本她聯繫蘇珊，只是想得到援手，紓解自己照顧病老雙親的重擔，但蘇珊和諮商師卻給了她意外的收穫。貝西首度理解到姊姊歷經了什麼，以及她爲何離家。她首度了解到母親的性格，並藉此審視自己與母親的關係。最重要的是，她首度探索自己。要大幅扭轉這麼多年養成的習性，貝西會需要比艾爾更久的諮商，而當她了解那會爲她和先生、孩子帶來什麼收穫，她便沒有猶豫。

當令你受盡煎熬的父母告別人世

失去父母，令人傷痛。若你對他們曾懷抱負面或矛盾情結，傷痛將更大。哀悼這樣的父母，比哀悼親近慈愛的父母複雜許多，其中夾雜對未曾擁有的某種東西的失落與哀痛。你們再也沒有機會修復關係，贏得接納和愛。許多因失去難纏父母而前來求助的成年子女對我們說，他們主要是爲失去的機會感到哀傷。父母一走，一切都結束了，再也沒有時間療癒裂痕或修補關係。

難相處的父母過世，成年子女通常會先感到解脫，喪禮上他們往往沒什麼感覺，只是深切地意識到：一切到此爲止。會覺得解脫是很自然的，因爲他們過去承受了太多失望和痛苦。設身處地爲他們想，也許你是最後這幾個月、甚至這幾年的照護者，也許你必須犧牲自己的時間，去照顧一個從來沒呵護過你的父母。這一切累積下來的厭恨，很容易在父母死去後化爲解脫。你很開心終於可以卸下重擔。你感受不到愛，也沒有發洩憤怒的對象。當下的你，只剩無感。

也許你覺得可以開始休養生息，就像這位兒子說的：「我爸走後我才發現，這些年的擔憂與照顧已經把我拖垮。我筋疲力竭，好像自己生了一場大病，需要復原。」有些人可能自覺早已經歷了哀悼，如同這位女士告訴我們的：「母親的死，讓我覺得如釋重負，以及一點點的哀傷。在此之前，我早就對我們之間不曾擁有的，哀悼過很多次了。」

儘管解脫是很自然的初期反應，仍要注意是否有其他需要宣洩的情緒。闔上此書繼續人生，那很痛快，但我們鼓勵你，書仍帶在手邊，爲還沒浮上檯面的任何情緒做好準備。對有些人來說，憤怒凌駕一切。這是比較安全的感受，可避免壓抑美好的記憶。有些人會將父母理想化，一睹物便自責不已。順利的哀悼，需要更平衡的觀點。愈了解自己對父母所擁有的複雜情緒，就比較能避免讓那些問題延續到日常生活中，在你的其他關係裡重演。舉個例子，你也許會跟手足起衝突，意圖從他們身上得到父母不曾給你的；或者，你頂撞老闆，就像以往常頂撞父母一樣，卻沒意識到自己正在重蹈覆轍。

好消息是，在生命終結篇來臨前，你現在還有成長與自由的機會。無論你是否在父母離開人世前開始哀悼，此刻你仍可以繼續。一位客戶說：「我媽死後我才發現，我耗費了多少心力在討她開心，提高她的自尊。現在，我終於能開始去發掘自我，好好照顧自己。」

對某些人而言，這種重新探索的自由令人焦慮。儘管父母不再勒索你的時間和精力，你卻可能仍感到不安。實情是，你失去了一種角色：作爲難纏父母的子女或照護者。就像任何的失落，這樣的角色轉變也會帶來不確定感。

萬一你自覺受困，無法順利地宣洩哀傷，那麼，悲傷治療很有幫助。一位客戶珍妮，在她母親癌末時前來求助，她母親是個性極度挑剔的人。透過諮商，珍妮明白了母親坎坷的早年導致她的低自尊，也得以開始展開自己的哀悼過程：哀悼自己從小累積的龐大失落，因爲母親從未成爲她期待的樣子。喪禮時，她能夠專注在母親的優點上，而沒有被負面情緒淹沒。這樣的預期性悲傷治療，協助她順利再譜寫人生。

父母死後這段期間，你應該視之爲過渡期，讓你尋找眞正適合的方向。悲傷治療對珍妮很有幫助，我們的其他客戶則透過各種活動，幫助自己走過這段時期。下面是一些例子。

- 重拾昔日的友誼。
- 擔任志工。
- 重新調整工作與個人時間的優先順序。
- 重拾原有的興趣與嗜好。
- 重新打開書本，安排休假。

• 完全放空，整理自己。

給自己時間轉變和調適，並且好好的定義它，這是好事。你需要時間哀傷，然後復原。

照顧好未來的自己

要避免自己成爲難相處的人，第一步是自我審視。如果從同事親友那裡得到負面回應，那是種警訊，務必回頭檢視自己與父母的互動，就像艾爾最近一次被母親激怒，就像貝西任憑自己被母親控制多年後，終於採取的行動。

要是發現自己身上有父母難相處的影子，切勿以爲自己注定要走上同樣的老年。這是你可以改變的事。你有機會加以扭轉。這不容易，但請堅持。果實將非常甜美。

【附錄】

人格障礙簡介

很多醫生以「障礙」一詞，描述健康問題的各種類型。軀體障礙（像是呼吸障礙）由軀體症狀描述，同樣地，情緒障礙則由行爲症狀描繪出來。人格障礙是諸多情緒障礙中的一種，《精神疾病診斷與統計手冊》第四版（*Diagnostic and Statistical Manual of Mental Disorders*, ***DSM IV***）區別出十種人格障礙，每一種各有某些特定行爲。某人若出現其中的部分舉止，就會被診斷爲該種人格障礙。本書開頭評量表所列出的，是我們從老人家身上觀察到的行爲。儘管人格障礙屬於精神科領域，卻不能因此說有人格障礙的人就一定「精神有問題」。他們只是因某些人格特徵而與眾不同，也讓周遭親友飽受困擾。

關於人格障礙的專業文獻相當多，主要由治療這些病患的精神科醫師所寫，其中所談個案多爲年輕到中年。老年人因此就診的人數少之又少。其實透過心理治療，較年輕的老人家便可以與自己的症狀和平共處，展開更愉快的人生。可惜絕大多數人並沒有這麼做，僅靠著家人的支持，尤其是另一半。直到晚年，自己生病了，老伴或病或離世，這些行爲變得益發嚴重，讓子女不知所措，只好求助於社工師。

當我們深入了解某位長者的行爲與背景，大概就能歸納他有某種人格障礙。這個診斷的主要價值，是讓成年子女得以了解困擾父母的成因。有了此一理解，子女可以知道如何修正自己的言行，以免引爆父母最糟糕的反應，也可以採取能幫助父母的行動。知道父母並非故意折磨人，而是眞有狀況，且那狀況如軀體疾患般眞實，此時的子女也將能夠對父母產生同情。

人格障礙的類型

十種人格障礙中，有兩種格外常見，爲首的是邊緣型人格障礙（borderline personality disorder），再來是自戀型人格障礙（narcissistic personality disorder）。大部分情況下，顧名思義，就像「自戀」一詞大家朗朗上口般，我們大概可以想像，自戀型人格障礙這類人會有怎樣的行爲舉止。邊緣型就不同了，這是歷史的不幸事故，由於當年對此幾乎一無所知而給了此名稱，儘管如今大家的知識不斷累積，然而名稱卻照舊。

在一般的認知裡，自戀者自視甚高，想必也有極高的自尊。自戀型人格障礙患者卻相反，他們因爲自尊太低，才需要不斷獲得旁人的吹捧。評量表中有關自我中心與掌控的項目，就是他們最明顯的行爲。

邊緣型人格障礙患者，看似剛好與自戀型相反，自戀型彷彿高居世界頂端，邊緣型則如在最底端。他們跟自戀型同樣是低自尊，不同的是，他們這點一望即知，有時會被說沒有自我。評量表中，在依賴類型裡的黏附他人行爲，最能點出此特性。他們的另一種典型就是容易分裂（split），對周遭親友忽冷忽熱，也許昨天才把兒子捧上天，今天卻說得一無是處。實際上，評量表中列出的所有行爲，都可能在邊緣型人格障礙患者身上發現。當然了，最麻煩要屬有自殺風險的自虐行爲了。

可以理解的是，情緒障礙不像軀體障礙那麼容易找出原因。不過，學者仍掌握了足夠的患者資訊，對造成這兩種人格障礙的根源做出推論。

分離理論

以上有關邊緣型和自戀型人格障礙患者的簡短討論指出，兩者雖外顯有別，卻仍有相似之處。最廣泛的理論認爲，兩者都來自童年被拋棄的感受。根據這種學說，孩提時曾發生某事，阻止了他與母親的適當分離。如果你曾觀察過自己或其他小孩的成長，你會知道，小孩在出生幾個月後，即開始他成爲獨立個體的漫長過程；接近一歲，則展開脫離母親的階段；兩歲小孩許多的負面行爲，說明了小孩爲爭取更多分離與獨立的努力。

這個與母親分離的過程，對每個寶寶來說都很艱難。以不到一歲的嬰孩爲例，因爲跟媽媽的情感連結太深，只要媽媽出現一點分離動作，像是離開房間，便可能讓他驚慌不已，擔心媽媽永遠不會回來。大多數的小孩終究解決了追求獨立的問題，但也有些人永遠沒能健全地走過這一關。

也許是孩子本身——或許出於基因——過於黏著母親，以致無法正常分離。也或許這妨礙來自母親：可能因爲她自己的過度依附，阻止了孩子獨立；或某種不可抗的因素，像是疾病，迫使她必須把小孩交給他人，造成提前分離。

通常在生命前三年沒成功與母親分離，便可能會造成學者所稱的「被拋棄憂鬱」（abandonment depression）。嬰孩與母親的連結受到破壞，這份痛苦會一直持續到孩提時，甚至於成年。走過正常分離的孩子就不是這樣，他們的情緒可隨著年紀而變得成熟。被拋棄的傷痛太深，這些孩子下意識發展出心理防禦或應對機制，以緩解那股萬念俱灰之感。評量表列出的行爲，便是這種應對機制的外顯方式，綜合出現這些行爲者，常見於邊緣型和自戀型人格。舉例來說，一個自戀型母親的自我行徑不斷提醒孩子她有多出眾，實際上那可能是她在掩蓋深沉的憂傷，因爲她覺得自己早年被媽媽排斥。另一位有同樣問題的母親，當孩子對她不盡如期待時，她馬上展現出敵意。

分離理論充分說明了分裂，這種非黑即白是邊緣型人格障礙的特徵。小孩在分離時期，對媽媽都有矛盾情結，一方面他奮力爭取獨立，一方面又小心翼翼不敢走太遠，隨時留神母親是否還在旁邊。在嬰孩簡單的觀念中，媽媽分裂爲兩個人：一個是剝奪性的「壞」母親，是他要爭取獨立的對象；一個是慈愛的「好」母親，當他開疆闢土需要支援時，她永遠在那裡。

一般的孩子，早年即懂得融合好與壞兩種母親的形象，學會接受母親是集優缺點於一身的整體。與媽媽分離的過程，會從嬰孩持續到孩提，直至青少年。相對地，有分離問題的小孩，始終維持兩種形象，在成長過程中，他仍像當年蹣跚學步的嬰孩，總想從「好」媽媽那裡尋求慰藉，以對抗被「壞」媽媽拋棄的憂傷。年紀漸長，他不僅無法理解母親是有多種面向的個體，以致仍像個嬰兒般，始終無法解決「好」媽媽和「壞」媽媽分裂的問題。

再長大些，這個人可能把對母親的愛恨關係，先移轉給配偶，之後再轉給成年子女。他對這世界的分裂觀點不會改變，除非經過長時間的心理治療。之前我們說過，這類人格障礙患者，大多數都無法也不肯做改變，也因此，老年人中存有極高比例的邊緣型人格。

在我們執業碰過許多備受折磨的老年人中，有很多都可以用分離理論來充分解釋。當我們能說服成年子女，父母的行爲是出於怕再度被拋棄的恐懼，子女便可以留意避開那些導火線。當子女了解到，具備這種人格的母親，一旦分離在即就完全無法自控，子女將可在應付母親與降低自己的焦慮上，獲得明顯突破。

虐待理論

第二種常見理論認爲，邊緣型人格障礙源於性侵害或其他虐待等重大創傷，術語稱爲「創傷後壓力症候群」，我們在第七章和第八章談過。這種理論是近年才興起，治療師觀察到，有顯著比例的邊緣型人格障礙患者，自稱早年受到侵害。據此理論，早年的受虐者，之後會不自覺地重演創傷。一旦了解這些背景，心理治療師便能更有效地治療病患。

遭性方面、身體或情緒虐待的受害者，不只留下虐待本身所造成的精神瘡疤，還有被父母遺棄的心痛。施虐的父親有違保護天職，棄絕子女；與此同時，孩子也會認爲母親沒有保護他，同樣拋棄了他。假如施虐者另有其人，則無論狀況如何，孩子都會認爲父母沒有保護他，覺得自己被父母拋棄。所以，就像分離不當會形成被拋棄的恐懼，虐待也是如此。於是，面對老年案主與家人，潛在的被拋棄論點成了我們最有意義的工具。

如果成年子女對父母的背景有夠多的了解，知道或懷疑虐待情事，就足以衍生同情，包容父母折磨人的行爲。然而，一般來說，子女所知甚少，因爲父母用盡氣力壓抑那些夢魘。此時，子女只有窮盡想像，或從其他親人口中拼湊出眞相了。

國家圖書館出版品預行編目（CIP）資料

如果父母老後難相處：如何陪伴他們走過晚年，而不再彼此傷害？ / 葛瑞絲．雷堡(Grace Lebow), 芭芭拉．肯恩(Barbara Kane)著；劉慧玉譯. -- 二版. -- 臺北市：橡實文化出版：大雁出版基地發行, 2023.06
面；　公分
譯自：Coping with your difficult older parent : a guide for stressed-out children
ISBN 978-626-7313-07-7(平裝)

1.CST: 老人養護　2.CST: 長期照護　3.CST: 家庭關係

544.85　　112005451

BC1056R

如果父母老後難相處：如何陪伴他們走過晚年，而不再彼此傷害？

Coping With Your Difficult Older Parent : A Guide for Stressed-Out Children

作　　者　葛瑞絲．雷堡（Grace Lebow）、芭芭拉．肯恩（Barbara Kane）
譯　　者　劉慧玉
責任編輯　田哲榮
協力編輯　劉芸蓁
封面設計　黃聖文
內頁構成　歐陽碧智
校　　對　蔡昊恩

發 行 人　蘇拾平
總 編 輯　于芝峰
副總編輯　田哲榮
業務發行　王綬晨、邱紹溢
行銷企劃　陳詩婷
出　　版　橡實文化 ACORN Publishing
地址：10544臺北市松山區復興北路333號11樓之4
電話：02-2718-2001　傳真：02-2719-1308
網址：www.acornbooks.com.tw
E-mail信箱：acorn@andbooks.com.tw
發　　行　大雁出版基地
地址：10544臺北市松山區復興北路333號11樓之4
電話：02-2718-2001　傳真：02-2718-1258
讀者傳真服務：02-2718-1258
讀者服務信箱：andbooks@andbooks.com.tw
劃撥帳號：19983379　戶名：大雁文化事業股份有限公司

印　　刷　中原造像股份有限公司
二版一刷　2023年6月
定　　價　450元
I S B N　978-626-7313-07-7